»Johannes,
nimm dich nicht so wichtig!«

Bernhard Hülsebusch
Robert Rothmann

»Johannes, nimm dich nicht so wichtig!«

Die schönsten
Anekdoten der Päpste

benno

Bibliografische Information Der Deutschen Bibliothek
Die Deutsche Bibliothek verzeichnet diese Publikation in der Deutschen Nationalbibliografie; detaillierte bibliografische Daten sind im Internet über http://dnb.ddb.de abrufbar.

Besuchen Sie uns im Internet:
www.st-benno.de

ISBN 978-3-7462-2595-1

Stammerstr. 11
04159 Leipzig
Umschlaggestaltung: Ulrike Vetter, Leipzig,
unter Verwendung von Bildern von picture-alliance,
Frankfurt a. Main
Gesamtherstellung: Kontext, Lemsel (A)

Inhalt

»Es war gerade Papst Johannes XXIII., der gesagt hat: ›Fenster auf, frische Luft herein, wir müssen mit der Welt sprechen.‹«

Kardinal Franz König

Angelo Roncalli

Johannes XXIII.

Ehrerbietung

Schon zeitig fühlte sich Angelo Roncalli zum Pfarrerdasein hingezogen. Auf eine Frage, wann er sich zum ersten Mal mit seiner Berufung beschäftigt hätte, antwortete Papst Johannes, dass diese Gnade auf ihn gekommen sei, als er durchs Fenster beobachtete, wie die Dorffrauen Don Rebuzzini, den Dorfgeistlichen, ehrerbietig grüßten.
Diese eher augenzwinkernd erzählte Geschichte weist aber auf die lebendige, einfache Religiosität hin, die Angelo Roncalli in seiner Familie erfahren hat. Sie besuchten regelmäßig die Messe, machten Wallfahrten zu nahegelegenen Kirchen. Angelo wurde bald Ministrant und von Don Rebuzzini zeitig gefördert: Mit sieben Jahren ging er zur hl. Kommunion, mit acht Jahren wurde er gefirmt.

Klassenbester

Im Gegensatz zu Don Francesco waren die Klassenkameraden nicht so sehr von Angelos Fleiß beeindruckt. Eines Tages kam der Schulinspektor, der sich gerne einen Spaß mit den Schülern machte und fragte: »Sagt mal, Schüler, was ist schwerer, ein

Zentner Eisen oder ein Zentner Stroh?« »Ein Zentner Eisen!«, riefen die Kinder im Chor. Nur Angelo sagte, als die Rufe verebbt waren: »Ein Zentner ist ein Zentner, beides ist gleichschwer.« Der Inspektor lobte ihn. Die Mitschüler allerdings lauerten ihm auf und verprügelten ihn. Aber nicht allzusehr, wie sich ein Kamerad später erinnerte.

Berufswunsch

Nachdem Angelo wieder zu Hause war, musste er eine Weile mit seinen Geschwistern und Cousins auf dem Feld arbeiten. Öfter kamen ihm die Tränen, wenn er beim Tragen der schweren Lasten durch das Dorf ging. Dabei schmerzte ihn nicht die Arbeit, sondern der Gedanke an seine Bücher, die er lassen musste. Als er beim Lesen hinter einem Weinstock von seinem Vater erwischt wurde, setzte es Prügel, und die bergamaskischen Schimpfworte sollten hier nicht erwähnt werden. Einmal schickte ihn der Vater mit dem Spaten in den Weinberg. Aber Angelo wollte nicht. Er hielt sich den Spaten hinter den Kopf, so dass die dreieckige Spitze wie eine Bischofsmütze aussah. »Den Spaten werde ich so tragen«, soll der kleine Angelo gesagt haben. Der Vater antwortete ungläubig: »Hoffentlich darf ich das noch erleben, dass aus dir noch etwas wird.«

Tagebuch

Im Frühjahr 1895 kaufte sich der dreizehnjährige Seminarist Angelo Roncalli ein Notizbuch mit einem festen Einband. Die erste Eintragung war ein lateinisches Motto: »Fehler, die im Munde von Laien Bagatellen sind, sind Blasphemien im Munde von Priestern!« Dann trug er eine Reihe von Vorschriften für das geistliche Leben ein, die er befolgen wollte: »Verweile wenigstens eine Viertelstunde im Gebet, ehe du morgens aufstehst ... Hüte dich vor Eigenlob und dem Wunsch, mehr oder auch nur im gleichen Maße wie andere geachtet zu werden.« Dies waren die ersten Eintragungen in sein geistliches Tagebuch, welches Angelo Roncalli über sein ganzes Leben weiterführte. Die ersten Notizen waren aber auch eine Reaktion auf das damalige strenge Seminarleben. So beklagte er seine »ausbündige Heiterkeit«, fügte aber sogleich hinzu: »Aber was soll's, es ist immer noch besser, fröhlich zu sein als den Kopf hängen zu lassen. Und denke daran: Freue dich im Herrn!«
Man kann schon an diesen ersten Eintragungen den

roten Faden seines Lebens erkennen: Gebet, Demut und Heiterkeit.

Unterricht

Roncalli nahm den Unterricht sehr ernst. Wenn einer seiner Studenten nicht aufpasste oder einschlief und ein Nachbar diesen wecken wollte, so entgegnete ihm Roncalli: »Stör ihn nicht! Es liegt an meinem Unterricht, wenn er einschläft.«

Rücksicht

Während des ersten Weltkrieges war Don Roncalli längere Zeit Seelsorger in einem Lazarett. Dort hielt er einmal vor Ordensschwestern, die von der Arbeit und den vielen Nachtwachen völlig erschöpft waren, einen religiösen Vortrag. Die Schwestern nickten vor Müdigkeit ein, eine nach der anderen, und Don Roncalli, der viel Verständnis für ihre Lage aufbrachte, setzte seinen Vortrag fort, immer leiser, immer eintöniger, immer langsamer, bis auch die letzte der Schwestern eingeschlafen war. Zuletzt verließ er den

Vortragsraum, so leise er konnte, um keine der Schwestern zu stören.

»Erkenne dich selbst«

Die wenigen Jahre seines Lebens, die der junge Seelsorger Don Angelo Roncalli unter den Studenten seiner bergamasker Heimat zubringen durfte, schienen ihm später die glücklichsten seines Lebens gewesen zu sein. Der fröhliche Lärm des Studentenhauses entsprach seinem eigenen Wesenszug und beflügelte ihn. Nicht immer aber waren seine jungen Zuhörer so ordentlich, die Straßen der Stadt Bergamo in untadeligem Äußeren zu betreten. Also ließ Don Angelo neben dem Treppenabsatz im Eingang einen Spiegel anbringen. Daneben war die Inschrift angebracht: »Erkenne dich selbst.«

Eine Bresche in der Mauer

In Istanbul schloss er Freundschaft mit dem anglikanischen Hausgeistlichen der englischen Botschaft, Austin Oakley. Es war der erste Anglikaner, den Roncalli kennen lernte. Die Freundschaft zwischen einem Gesandten des Papstes und einem Anglikaner war damals durchaus nicht gewöhnlich. Roncalli erklärte als Papst dazu später einmal: »Wenn ich eine Mauer zwischen Christen sehe, versuche ich, einen Ziegelstein herauszuziehen.«

Ein türkischer Christus

Als in der Türkei unter Atatürk die Trennung von Religion und Staat eingeführt wurde, war es bei Strafe verboten, in der Öffentlichkeit geistliche Tracht zu tragen. Also mussten auch die wenigen katholischen Prälaten ihre Soutane in der Öffentlichkeit gegen einen Anzug austauschen. Einige Gesandte, darunter besonders der französische, legten auf Bitten der zahlreichen französischen Ordensgesellschaften in der Türkei Protest ein. Doch Roncalli hielt es für wichtiger, die Gesetze und Sitten des Landes, die ja nicht grundsätzlich gegen die Überzeugung der Christen verstießen, zu respektieren: »Wenn Christus in Rom ein Römer ist, so lasst ihn in der Türkei ein Türke sein.«

Nadelöhr

Der Apostolische Administrator, Erzbischof Roncalli, besuchte im Jahre 1936 das berühmte Kloster auf dem Berg Athos. Die Gemeinschaft der Mönche auf dem heiligen Berg ist gewohnt, in strenger Abgeschiedenheit von der Außenwelt und in ständiger Askese nach den Regeln des heiligen Basilius zu leben. Der wohlbeleibte Don Angelo Roncalli hörte einmal beim Vorübergehen zwei Mönche miteinander flüstern:

»Wie wird es möglich sein, dass dieser römische Prälat mit seinem Bäuchlein in den Himmel eingeht, da doch dessen Pforte so eng ist wie ein Nadelöhr...?«

Schlagfertig griff Roncalli, sich umdrehend, in das Zwiegespräch ein und gab zurück:

»Der liebe Gott, der das Bäuchlein hat wachsen lassen, wird auch dafür sorgen, dass es durch das Nadelöhr geht.«

Die Austreibung des Wucherers

In Griechenland brach während der ersten Kriegsjahre eine schreckliche Hungersnot aus. In den Straßen der Hauptstadt Athen wurden Hunderte von Lei-

chen geborgen. Angelo Roncalli hielt sich in seiner Eigenschaft als apostolischer Delegat dort auf und versuchte, dort wo er konnte, zu helfen.
Eines Tages meldete der Kapuzinerpater Leibel, der eine Hilfsstelle für die Hungernden eingerichtet hatte, dass ein Kaufmann der Stadt unverschämte Preise für Mehl und Trockengemüse verlange.
Der künftige Papst ging also, begleitet von seinem Sekretär, zu diesem Händler und stürmte die Tür des Raumes, wo sich die Reserven des Spitzbuben befanden, und zögerte nicht, ihm Prügel anzudrohen, falls er seine Ware nicht zu anständigen Preisen absetzen wolle.

Schlagfertig

Bei einem Empfang im Pariser Elysée-Palast wollte es der Zufall, dass Nuntius Roncalli links vom sowjetischen Botschafter zu stehen kam. Während der Staatspräsident die versammelten Diplomaten begrüßte, raunte der russische Botschafter dem Nuntius mit unverhohlener Schadenfreude zu: »Wie denn, der Vatikan steht jetzt links?« Schnell, mit gespitzten Lippen und in einem breiten Lächeln endend, antwortete der Nuntius: »Ja, mich hat man hier links eingeteilt, damit ich euch alle nach rechts, auf den rechten Weg, hinüberziehe.«

Merde

In der französischen Nuntiatur wurde auf Geheiß Roncallis viel erneuert. Ein Zimmermann, dem die Arbeit nicht so gelang, wie er wollte, machte sich in einer Menge origineller und temperamentvoller Flüche Luft. Roncalli versuchte nicht darauf zu hören, schloss die Tür, aber es half alles nichts. Schließlich ging er zu dem Mann hinein und meinte: »Was soll das alles, guter Mann. Warum können Sie nicht einfach *merde* sagen wie jeder andere und weiterarbeiten?«

Der halbe Nuntius

Roncalli machte sich oft über seine eigene Leibesfülle lustig. Anlässlich eines Besuchs der erlauchten französischen Akademie fragte ihn jemand nach seinem Eindruck. Roncalli saß auf seinem Stuhl und murmelte: »Schön, schön.« Dann stand er auf und fügte hinzu: »Leider gestatten die Stühle das Sitzen nur einem halben Nuntius.«

Rangfolge

Während eines diplomatischen Empfangs sprach Nuntius Roncalli, der spätere Papst Johannes XXIII., mit dem Oberrabbiner von Paris. Beim Eintritt in den Speisesaal wollte ihm der Rabbiner den Vortritt lassen. Roncalli wehrte ab: »Oh nein, erst das Alte Testament, dann das Neue.«

Wenn ihr Almosen gebt ...

Roncalli war bekannt für seine Freigebigkeit und seinen sorglosen Umgang mit dem Geld. Einmal traf er in Paris einen Bettler, einen Mann, der früher in der Nuntiatur gearbeitet hatte. Er gab ihm 20 Francs. Sein Mitarbeiter meinte: »Exzellenz, der Mann kann arbeiten. Er betrügt Sie. Warum geben Sie ihm Almosen?«
»Er muss leben«, sagte Roncalli, »er hat eine Frau.«
»Sie ist nicht seine Frau! Sie waren nicht verheiratet, wenigstens nicht miteinander.«

»Mag sein, aber sie müssen dennoch leben«, sagte er bestimmt. »Ich lasse mich lieber von neun Leuten betrügen, als einem Hilfe zu versagen, der sie braucht.«

Der zerstreute Nuntius

Eines Abends in Paris, im Jahre 1949, zur Abendessenszeit, hörte Monsignore Roncalli es an der Nuntiatur klingeln. Überrascht ging er selbst, um zu öffnen, und fand sich dem bekannten Journalisten Francique Gay gegenüber. Roncalli entschuldigte sich und sagte: »Ich hatte diese Einladung ja vollständig vergessen.«
»Was mich anbetrifft, so ist das nicht so wichtig«, antwortete Gay, »aber Eure Exzellenz haben auch einen Direktor der UNRRA eingeladen, und ich glaube, auch noch einen brasilianischen Bischof.«
»Das ist ja furchtbar! Und meine Nonne ist auch noch nicht da! Kommen Sie! Beeilen wir uns! Gehen wir doch schnell in die Küche, um etwas vorzubereiten.«
Als der Bischof eintraf, machte Francisque Gay, angetan mit einer Schürze, die Tür auf. Schließlich befanden sich alle geladenen Gäste in der Küche um

den Herd herum, wo Monsignore Roncalli selbst mit der Zubereitung einer Polenta beschäftigt war.
»Ist dies nicht das Beste, was man auf der Welt haben kann?«, fragte der Nuntius.
»Bei uns ist es die Speise des Herrn. Man nennt sie so, weil man in jedem Haus, so arm es auch sei, stets etwas Mais und einen Rest Olivenöl vorfinden kann.«

Kavalier

Um Roncallis Verhalten in der Gegenwart schöner Frauen mit tief ausgeschnittenem Dekoleté ranken sich mehrere Geschichten. Sie zeigen aber seine Gabe, sich auch aus peinlichen Situationen mit seinem typischen Humor herauszumanövrieren und die Stimmung in eine offene und herzliche umzuwandeln. Dabei machte er keine Zugeständnisse an den Zeitgeist, sondern wies die anderen auf humorvolle Weise in die Schranken und entschärfte die Situation.
Eine sehr elegante Dame, deren Kleid zu tief ausgeschnitten war, saß bei einem Bankett neben dem Nuntius. Alle schauten auf den Nuntius und warteten peinlich berührt auf seine Reaktion. Beim Hauptgang

wurde Roncalli die Stimmung zu drückend. Mit großem Heiterkeitserfolg rief er aus: »Ich weiß gar nicht, warum alle Gäste immer nur auf mich schauen, auf mich, einen armen, alten Sünder, wo doch meine Nachbarin soviel jünger und attraktiver ist ...«

Fenster

Bei seinem Einzug in Venedig am 15. März 1953 wurde Kardinal Roncalli überaus herzlich empfangen. Tausende Einwohner verfolgten seinen festlichen Einzug, denn ihm ging der Ruf voraus, milde, barmherzig und den Armen zugewandt zu sein. Damit war er das Gegenteil seiner Vorgänger, die als streng und verschlossen galten. Als der Zug am Rathaus vorbeifuhr, war Roncalli überrascht: Die Fenster waren geschlossen und keine Menschenseele zeigte sich. Auf seine Frage erklärte ein Würdenträger verschämt, dass der Stadtrat von Kommunisten beherrscht sei, die den Einzug des neuen Patriarchen erklärtermaßen ignorierten. Roncalli bemerkte daraufhin optimistisch (und hinsichtlich seiner späteren offenen Ostpolitik als Papst auch prophetisch): »Wir werden dafür sorgen, dass sich die Fenster wieder öffnen.«

Der Hut

Bei einem ermüdenden Empfang behielt Patriarch Roncalli seinen Hut in der Hand. Unter den vielen Cocktailgesichtern fand er keines, das ihn zu einem Gespräch hätte reizen können. Geduldig aber wartete er seine fünfzehn Minuten, die ein vornehmer acte de présence erfordert, bevor er sich von dem Gastgeber verabschieden konnte. Plötzlich näherte sich einer der Organisatoren des Festes, um ihm den Hut abzunehmen. Er wollte ihn selbst zur Garderobe bringen. »Nein, nein, lassen Sie nur«, sträubte sich der Patriarch, »Sie wissen ja gar nicht, wie nützlich es bei manchen Gelegenheiten ist, einen Hut in der Hand zu haben.«

Überraschung

Nach dem Abschluss des Konklaves wollten die anderen Kardinäle schon ihre Koffer packen und abreisen. Der neugewählte Papst dachte aber anders. Er wollte sich die Gelegenheit nicht entgehen lassen, die versammelten Kardinäle über das Papsttum im Allgemeinen und im Besonderen auszufragen. Letztlich ging es ihm um die Ansichten, welche die Kardinäle über die Zukunft der Kirche vertraten. Er beauftragte den Konklave-Marschall, den Prinzen Chigi, noch alle Türen verschlossen zu halten. Die Küche beauftragte er, ein festliches Abendessen zu bereiten. Die Kardinäle waren überrascht, doch es wurde ein sehr herzlicher und wichtiger Abend. Johannes XXIII. befragte die Kardinäle einzeln zu den Gepflogenheiten im Vatikan, zu ihren religiösen, sozialen und politischen Meinungen. Vielen wurde klar, dass es sich hier nicht um einen Übergangspapst handeln würde, sondern dass hier neue Seiten der Geschichte aufgeschlagen wurden. Der neue Papst enthielt sich an diesem Abend jeglicher Kommentare. Die Gespräche bildeten aber den Grundstein für die Entwicklung, die der Papst nun einleitete.

Wickelbund

Papst Johannes XXIII. stellte oft schwierige Sachverhalte in einfachen, aus dem normalen Leben gegriffenen Vergleichen dar. Nachdem man beim ersten Lesen gelächelt hat, stellt man beim genauen Hinschauen fest, dass in diesen Vergleichen mehr Weisheit und Wahrheit steckt als in pathetischen

Worten. Auch Jesus hat Gleichnisse aus dem Leben gewählt. So wurde der Papst gefragt, was er nach seiner Wahl gefühlt hätte.

»Was ich empfunden habe, als ich zum Papst gewählt wurde? Viel Ergriffenheit und Besorgnis, aber auch dasselbe Gefühl wie ein Wickelkind, denn das Papstgewand, in welches man mich eingekleidet hatte, war zu eng und drückte mich wie ein Wickelbund.«

Ein Zitat

Als der frischgewählte Papst ein paar Tage nach seiner Wahl seine Familie empfing, war diese geblendet und völlig verunsichert von der großen Stadt Rom, den verwinkelten vatikanischen Bauten und der Pracht der Gänge und Hallen. Als sie durch die geöffneten Türen die weiße Gestalt sahen, blieben sie ehrfürchtig und schüchtern stehen. Johannes machte ihnen Mut und rief: »Fürchtet euch nicht, ich bin es.«

Abb. 1: Johannes XXIII. beim Spaziergang in den vatikanischen Gärten.

Abb. 2: Besuch des Papstes im römischen Gefängnis „Regina Coeli“.

Abb. 3: Johannes XXIII. in den Gärten der päpstlichen Sommerresidenz Castel Gandolfo.

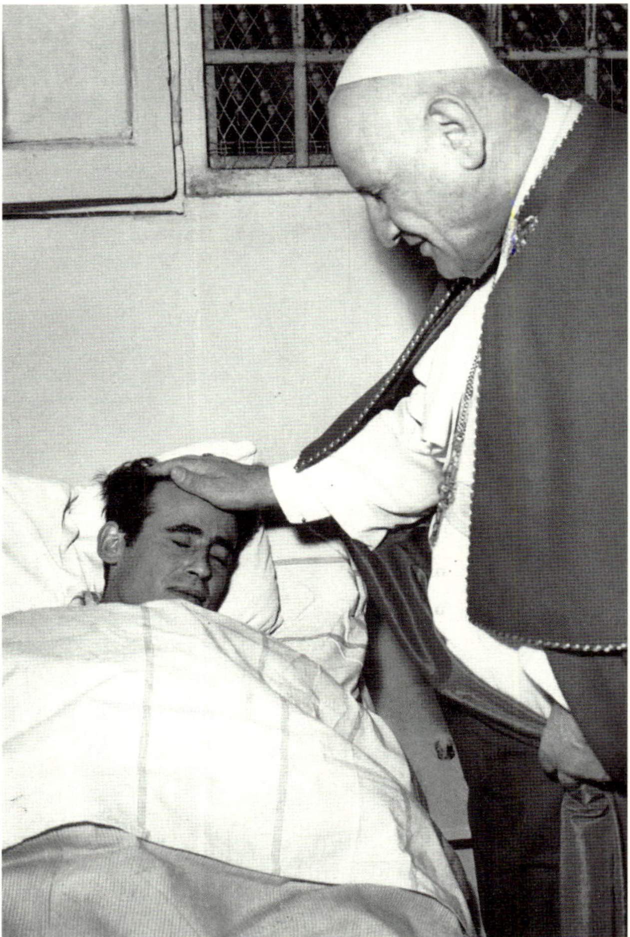

Abb. 4: Johannes XXIII. beim Krankenbesuch.

Gesunder Schlaf

Ein neugeweihter Bischof beklagte sich in einer Privataudienz, dass die Verantwortung seines neuen Amtes ihn nicht mehr schlafen lasse. »Oh!«, sagte Johannes in mitleidsvollem Tone, »mir ging es in den ersten Wochen meines Pontifikats genauso, aber dann sah ich einmal in einem Wachtraum meinen Schutzengel, der mir zuraunte: ›Johannes, nimm dich nicht so wichtig ...‹ Seitdem schlafe ich wieder.«

Pluralis majestatis

Der Osservatore Romano pflegte zu dieser Zeit einen sehr altertümlichen und verschnörkelten Stil. Der Papst wurde als »der erleuchtete Heilige Vater« oder »höchster Oberhirte« bezeichnet. Wenn eine Rede wiedergegeben wurde, begann die Einführung: »Die Worte, die wir von den erhabenen Lippen pflücken konnten ...« Johannes bestellte den Chefredakteur della Torre zu sich und wünschte ein Ende dieser antiquierten und geschwollenen Ausdrucksweise. »Wir leben im 20. Jahrhundert. Wir wollen einen Stil anwenden, der der Zeit entspricht. Wäre es nicht besser zu schreiben: Der Papst sagt dies, oder der Papst tat jenes.« Della Torre, von aristokratischer Abstammung, schaute bestürzt, und so schwächte Johannes seine Worte ab: »Ich würde es für mich vorziehen.« Der Graf verzog sein Gesicht noch heftiger, und der Papst korrigierte sich schnell: »Wir würden es vorziehen.«

Anstoß

Im schlagfertigen Scherz zeigt sich der große Mensch. Für Papst Johannes waren alle Menschen seine Geschwister, und er hatte nur einen besonders schweren Dienst. Unter der weißen Kleidung blieb er der Bauernsohn aus dem bergamaskischen Land. Johannes spazierte gern durch die vatikanischen Gärten. Im Gegensatz zu seinem Vorgänger tat er das ganz unregelmäßig und spontan. So konnten die Beamten die Kuppel des Petersdomes nicht rechtzeitig für die Besucher sperren. »Warum müssen Sie überhaupt die Kuppel sperren?«, fragte der Papst die Beamten.
»Weil man Sie sonst sehen könnte, Heiligkeit«, erwiderte einer entsetzt. »Die Leute, alle die Touristen ...«
Der Papst überlegte einen Moment und sagte dann: »Machen Sie sich keine Sorgen. Ich verspreche Ihnen, nichts Anstößiges zu tun.«

Katastrophe

In Gedanken an seine Fernsehauftritte stellte sich Papst Johannes manchmal vor den Spiegel und fragte: »Warum hat mich Gott nur so hässlich gemacht, wo er doch wusste, dass ich Papst werden sollte! Dieser Mann wird eine Katastrophe auf dem Bildschirm sein!«

Frische Luft

Bald nach der Ankündigung des Konzils wurde er von Geistlichen der Kurie gefragt, warum er das Konzil einberufen hätte. Er müsse die viele Arbeit sehen, und es wäre auch unsicher, ob der große Aufwand einen Nutzen bringe, bei den vielen gegensätzlichen Meinungen und langen Traditionen in der Kirche. Papst Johannes XXIII. hörte sich alles eine Weile an, ging dann zum Fenster und öffnete es: »Also, deswegen.«

Optimist

»Es ist doch völlig ausgeschlossen, solch ein Konzil schon 1963 zu eröffnen«, meinte ein skeptischer Prälat.
»Wir werden es noch 1962 eröffnen«, antwortete der Papst ohne Zögern und ohne sich im Geringsten aus der Ruhe bringen zu lassen.

Das Gelübde

Papst Johannes XXIII. begann als erster Papst nach langer Zeit, die Mauern des Vatikans zu verlassen. 1962 wollte er unbedingt nach Loreto, einem Wallfahrtsort in Italien, in dem nach der Legende das Haus der heiligen Familie von Betlehem steht. Er wollte – offiziell – die Fürsprache der Madonna von Loreto für das Konzil erbitten.
Auf seiner Reise begleitete ihn der christlich-demokratische Ministerpräsident Fanfani, mit dem ihm eine Freundschaft, aber auch die ähnlichen sozialen Ansichten verbanden.
In seiner Rede im vollbesetzten Dom nannte er aber noch einen anderen Grund für seinen Besuch: Er wollte ein Gelübde aufheben. Vor 62 Jahren hatte

der junge Seminarist Roncalli auf dem Weg nach Rom in Loreto Station gemacht:
»Man schrieb den 20. September 1900. Die Stadt prangte übermäßig im italienischen Fahnenschmuck. Die Freimaurer feierten dieses Datum als einen Sieg über das Papsttum, und ich wunderte mich, im Dom so wenig Menschen zu sehen. Überhaupt keine Männer, nur ein paar alte Frauen. Nach der Andacht wurde ich auf der Straße wegen meines geistlichen Gewandes bespöttelt und bewitzelt. Manche Worte waren übelste Schmähungen ... Ich kann euch sagen, ich fühlte mich sehr elend. Die Schmach konnte ich nicht verwinden, und ich schrieb noch am gleichen Abend ins Tagebuch: Gebenedeite Madonna von Loreto! Ich verehre und liebe Dich wirklich. Ich will auch versprechen, Dir als guter Seminarist in Rom immer die Treue zu halten. Es tut mir aber leid, Dir sagen zu müssen, dass Du mich hier nie wieder sehen wirst.«

Verkehrte Richtung

Bei einer Audienz für französische Fallschirmjäger rühmte Papst Johannes XXIII. den Mut der Truppe. Er meinte, dass er vielleicht auch zu den »Paras«

gegangen wäre, wenn es sie schon in seiner Jugendzeit gegeben hätte. Die Soldaten standen stolz vor Johannes. Er wies sie aber auch darauf hin, dass ein Kirchgang am Sonntag ihm noch besser gefalle als das Draufgängertum:
»Während ihr so eifrig darauf bedacht seid, getreu nach der Vorschrift vom Himmel zu fallen, möchte ich doch nicht, dass ihr am Ende vergesst, wie ihr hinaufkommt.«

Dreißig Zentimeter

Beim Überlesen eines Schema-Entwurfs für das Konzil, der gewissen theologischen Forschungen und modernen Auslegungen besonders feindselig gegenüberstand, nahm Papst Johannes ein Lineal in die Hand und sprach zu seinem Sekretär:
»Sehen Sie nur – in diesem Entwurf gibt es dreißig Zentimeter Verurteilungen.«

Das Lächeln

Yousuf Karsh, der große kanadische Porträtfotograf, kam eines Tages nach Rom und wollte Papst Johannes fotografieren. Jahre vorher hatte er schon Pius XII. porträtiert. Tags zuvor hatte er ihn in der Messe beobachtet und sich den Augenblick gemerkt, als Pius mit gefalteten Händen und aufwärts gekehrtem Blick das Geheimnis des Glaubens repräsentierte. Karsh fragte ihn, ob er diese Haltung wieder einnehmen könnte, was Pius sofort tat. Daraus wurde ein beeindruckendes Foto.

Auch bei Johannes besuchte der Fotograf die Generalaudienz und merkte sich den Augenblick, als der Papst die Menge segnete. Diesen Ausdruck des väterlichen, liebevollen Hirten wollte Karsh aufnehmen. Am nächsten Tag bat er den Heiligen Vater, sich an diese Haltung zu erinnern. Aber Johannes konnte nicht reagieren. Er konnte keinem leeren Raum zuwinken oder eine nicht vorhandene Pilgerschar segnen. Dem Papst fiel schließlich eine Lösung ein: Er rief seinen Sekretär Capovilla und sagte zu ihm: »Würden Sie bitte hier niederknien, Monsignore, da ich Ihnen meinen Segen geben muss.« Unter diesen realen Bedingungen erhellte das besondere Lächeln das Gesicht des Papstes, und Karsh konnte es für die Welt auf Zelluloid bannen.

»Vom Heiligen Geist beschützt«

Johannes XXIII. hielt keinen geregelten Tagesablauf ein und ließ sich keinen Stundenplan aufzwingen. Viele Nächte schlief er nicht durch. In den ersten Nächten seines Pontifikats fiel ihm bei Schreibarbeiten das Auf- und Abgehen der Wachen am päpstlichen Vorzimmer auf. Zu zweit marschierten die Gardisten sporenklirrend hin und her. Das schien ihm ein zu großer Aufwand. Eines Nachts griff er ein. Die Wachen nahmen sofort Haltung an, als der Papst die Tür aufmachte. »Gemach, gemach«, dämpfte sie Johannes XXIII., »nur nicht so aufgeregt. Geht lieber schlafen. Auf mich braucht ihr nicht aufzupassen. Ich werde vom Heiligen Geist beschützt.«

Rangfolge

Papst Johannes besuchte in Rom das Krankenhaus »Zum Heiligen Geist«, das von Nonnen geleitet wird. Die Oberin kam, wegen des hohen Besuchs aufgeregt, herbeigeeilt und stellte sich vor:

»Heiliger Vater, ich bin die Oberin vom ›Heiligen Geist‹.«

»Haben Sie aber ein Glück – ich bin nur der Stellvertreter Christi«, gab der Papst zurück.

Reisefertig

Sogar auf dem Sterbebett bewahrte sich Johannes XXIII. noch seine Heiterkeit. Die unheilbare Krankheit war längst kein Geheimnis mehr für ihn, aber er mochte weder seine Schmerzen zur Schau tragen noch Trauer in seiner Umgebung. Er versuchte auch jetzt noch, die Menschen, die um ihn waren, heiter zu stimmen. Unter Aufbietung seiner letzten Kräfte versuchte er zu lächeln und sagte mit fast bittender Stimme: »Sorgt euch doch nicht so sehr um mich ... Ich bin bereit, die große Reise anzutreten. Meine Koffer sind gepackt. Ich kann jederzeit abfahren ...«

»Mit ihm hat sich das Papsttum gleichsam auf Wanderschaft begeben. Er durchreist die Welt und spricht zu den Menschen guten oder schlechten Willens. Wie ein neuer Moses möchte er um jeden Preis, dass die Menschen das Gelobte Land wiederfinden und wieder Volk Gottes werden. Deshalb ist seine missionarische Sorge unermesslich.«

Domenico del Rio 1988
über Johannes Paul II.

Karol Wojtyła

Johannes Paul II.

Fromme Familie

Wie Karol selbst später erzählt, war es zunächst seine Mutter Emilia, die »das wundervoll religiöse Leben in unserer Familie« prägte; sie war die »Seele des Hauses«. Sie las ihm aus der Bibel vor. Im Flur der Wohnung stand eine Weihwasserschale, in die Lolek, sein Bruder Edmund und die Eltern regelmäßig ihre Finger tauchten, um sich zu bekreuzigen. Der frühe Tod seiner Mutter trifft ihn schwer.

Eifriger Ministrant

In seiner Jugend hat Karol zu seinem Glück stets gescheite und einfühlsame geistig-geistliche Begleiter. In den ersten Gymnasialjahren ist dies Pater Kazimierz Figlewicz, sein Religionslehrer. Er berichtet: »Der zehnjährige Karol war recht groß, aber ziemlich dick. Ein lebhafter, begabter Junge, mit einer raschen Auffassungsgabe. Er hatte eine optimistische Art, doch bei genauerem Hinsehen merkte man, dass der Verlust der Mutter seine Spuren hinterlassen hatte. Was uns einander näher brachte, war der Altar, denn Karol Wojtyła war ein eifriger Ministrant.«

Jüdische Kameraden

Lolek hat katholische, aber auch ein paar jüdische Schul- und Spielkameraden, darunter Jerzy (»Jurek«) Kluger. Die Jungen spielen gern Fußball auf einer Wiese am Fluss. Eines Tages, erzählt man, betritt Jurek die nahe gelegene Kirche, um Karol zu einem Fußballmatch abzuholen. Als eine Frau aus dem Städtchen ihre Verwunderung zum Ausdruck bringt, den Sohn des jüdischen Gemeindevorstehers in dem katholischen Gotteshaus zu sehen, kontert Karol: »Sind wir nicht alle Gottes Kinder?«

Verlegener Jurek

Den Jerzy Kluger verschlägt es später nach Rom, wo er Bauunternehmer wird. Natürlich hört er von der Karriere seines einstigen Schul- und Sportkameraden. Ende der Sechziger Jahre, als der schon zum Kardinal erhobene Krakauer Erzbischof wieder einmal in Rom weilt, will Kluger dort seinen Freund aus der Jugendzeit wiedersehen. Er meldet sich im Polnischen Kolleg und bekommt einen Termin. Dann steht er, so heißt es, vor dem Kardinal und murmelt verlegen: »Eure Eminenz ...«, woraufhin ihn

Wojtyła an den Schultern packt: »Jurek, bist du verrückt, ich bin doch der Lolek.«

Leider nicht Theologie

Anfang Mai 1938 besucht der damalige Erzbischof von Krakau, Fürst Sapieha, die Pfarrei Wadowice, als Karol Schüler des dortigen Gymnasiums ist. Der Religionslehrer, Pater Zacher, überträgt Karol die Aufgabe, den Oberhirten willkommen zu heißen. Die Begrüßungsrede gefällt dem Erzbischof. Er fragt den Pater, welches Fach der junge Mann nach dem Abitur wohl an der Universität belegen wolle. Zacher: »Er wird polnische Philologie studieren.« Darauf Sapieha: »Schade, dass es nicht Theologie ist.«

Heiliger in Ausbildung

An der Universität Krakau schließt der Student der Polonistik rasch Freundschaften. Hin und wieder spötteln die anderen Studenten über seinen tiefen Ernst und seine Frömmigkeit. Eines Tages, so erinnert sich eine seiner damaligen Kommilitoninnen, heftete man ein Kärtchen an sein Pult, auf dem geschrieben stand: »Karol Wojtyła, Heiliger in Ausbildung.«

Schöne Stimme

Die polnischen Verantwortlichen des Steinbruchs versuchen, dem Werkstudenten die schwersten Arbeiten zu ersparen. Deshalb machen sie Karol Wojtyła, wie dieser selbst (in »Geschenk und Geheimnis«) erzählt, zum Gehilfen des Sprengmeisters, der Franciszek Labus heißt. Manchmal sagt Labus zu seinem Gehilfen: »Karol, du solltest Priester werden. Du wirst gut singen, weil du eine schöne Stimme hast, und es wird dir gut gehen.«

Im Paddelboot

Als Studentenpfarrer und später als Ethik-Professor macht Karol Wojtyła oft Ausflüge mit Hochschülern und Freunden. In den Sommerferien paddelt er gern mit dieser Gruppe auf den Masurischen Seen. So auch im Sommer 1958, als er die Nachricht erhält, Papst Pius XII. habe ihn zum Weihbischof von

Krakau ernannt – und deshalb wolle ihn der polnische Primas, Kardinal Wyszyński, umgehend in Warschau sprechen. Seine Paddelfreunde fragen ihn, ob er jetzt, da er zum Bischof avanciere, auf diese Ausflüge verzichten werde. Wojtyłas Antwort: »Dafür gibt es keinen Grund.« Tatsächlich kehrt er dann für ein paar Tage in das Ferienlager am See zurück.

Schulfreundin Halina

Nach seiner Kardinals-Ernennung kehrt Wojtyła von Rom nach Krakau zurück. Zu den zahlreichen Gratulanten dort gehört die Schauspielerin Halina Kroliekiewicz-Kwiatkowska, mit der er gemeinsam zur Schule ging und mit der er auf der Schulbühne aufgetreten war. Frau Kwiatkowska sagt: »Eminenz, ich möchte ...« Da unterbricht sie Wojtyła: »Halina, hör auf zu schauspielern! Für dich bin ich keine Eminenz, und wir sind hier nicht auf der Bühne!«

Ganz normal

Karol Wojtyłas Passion für das Skifahren ist in seiner Heimat bekannt. Ein ausländischer Journalist bringt ihm gegenüber seine Verwunderung zum Ausdruck, dass solch ein Sport eigentlich nicht zur »Würde« einer Eminenz passe. Als Antwort witzelt der Krakauer Oberhirte: »Ach, hierzulande ist das ganz normal. Schließlich fährt die Hälfte der polnischen Kardinäle Ski.« Was ja durchaus stimmt: Außer ihm selbst gibt es nur noch einen Purpurträger, den betagten Primas Wyszyński.

Gottvertrauen

Anfang Oktober 1978 packt Kardinal Wojtyła in Krakau seine Siebensachen, um zum Konklave für die Wahl des nächsten Papstes nach Rom zu reisen. Die Nacht vor dem Abflug aus Warschau verbringt er im dortigen Ursulinen-Kloster. Als er sich morgens von Schwester Andrea verabschiedet, wirkt er nervös und ernst. Ahnt er, dass er, obschon als Außenseiter, zu den »papabili«, den Papst-Kandidaten, gehört? »Eminenz«, sagt die Nonne (laut Wojtyłas Biografen), »ich weiß nicht, was ich Ihnen wünschen soll: dass

Sie zurückkommen oder dass Sie nicht zurückkommen.« Wojtyłas Antwort: »Schwester, es gibt so viele Dinge, die wir nicht wissen. Unser Leben ist so eingerichtet, dass nur Gott alles weiß.«

Mit Verspätung

Der Krakauer Kardinal kommt beinahe zu spät zum Konklave. Am frühen Nachmittag des 14. Oktober fährt er dem Vernehmen nach eilig in die Gemelli-Klinik, um seinen Freund Bischof Deskur zu besuchen, der tags zuvor einen Schlaganfall erlitten hat. Dann bringt ihn sein Fahrer direkt zur Sixtinischen Kapelle. Unterdessen sind dort schon alle anderen 110 wahlberechtigten Purpurträger eingetroffen. Der vatikanische Zeremonienmeister zählt sie am Eingang: 108, 109, 110 ... und will schon feierlich, gemäß dem Begriff Konklave (wörtlich: mit dem Schlüssel) die Tür schließen. Da kommt, buchstäblich in letzter Minute, Karol Wojtyła.

»Wer ist Bottiglia?«

Unter den wenigen Kardinälen im Konklave, die den Krakauer Oberhirten überhaupt nicht kennen (und schon deshalb für andere Kandidaten stimmen), ist offenbar Mario Casariego aus Guatemala. Um ihn und Karol Wojtyła rankt sich, wie der Papst-Biograf Luigi Accattoli (in: Johannes Paul II., Graz 2000) berichtet, eine kuriose Geschichte. Sechs Wochen nach dem Konklave nämlich erzählt Casariego dem damaligen italienischen Premier Giulio Andreotti: Er habe kurz nach dem achten Wahlgang, in dem Wojtyła die nötige Mehrheit erreicht, bei dem herrschenden Geflüster in der »Sixtina« geglaubt, den Namen »Bottiglia« zu hören, und wollte mehr über diesen Mann erfahren. (»Bottiglia« heißt auf deutsch Flasche.) Wojtyła hört das Getuschel. Wenig später, als Casariego den Gewählten ehrfürchtig begrüßt, sagt der neue Papst freundlich zu ihm: »Jetzt wissen Sie also, wer Bottiglia ist.«

Habemus papam

Über 100.000 Italiener warten am frühen Abend jenes 16. Oktober hochgespannt auf dem Petersplatz, um das Ergebnis der Papstwahl zu erfahren. Schließlich erscheint Kardinal Pericle Felici auf der Loggia, dem kleinen Balkon des Doms, und verkündet mit gesetzten Worten die frohe Botschaft: »Habemus papam, den hochwürdigsten Kardinal Carolus ...« Ein Raunen geht durch die Menge. Carolus – wer? Felici spricht weiter: »Wojtyła«. Und er spricht den Namen korrekt polnisch aus: Woitiua. Das klingt so exotisch, dass viele Gläubige auf der Piazza zunächst ganz baff sind. »Ist es vielleicht ein Afrikaner? Ein Neger?« Jedenfalls, es ist kein Italiener. Dann verbreitet sich wie ein Lauffeuer die Nachricht: »E' un polacco« (es ist ein Pole).

Aus einem fernen Land

Eine halbe Stunde später an jenem denkwürdigen Abend tritt der neue Papst auf die Loggia des Petersdoms, um seinen ersten Segen »Urbi et Orbi« zu spenden. Doch zunächst spricht er, ganz entgegen der Tradition, zu den »lieben Brüdern und Schwestern« über seine Wahl: Nun hätten die Hochwürdigen Herrn Kardinäle einen neuen Bischof von Rom berufen. »Sie riefen ihn aus einem fernen Land, fern, aber immer so nahe im Glauben und in der christlichen

Tradition. Ich weiß nicht, ob ich mich in eurer ...«, da verbessert er sich, »in unserer italienischen Sprache gut verständlich machen kann. Wenn ich Fehler mache, werdet ihr mich korrigieren.« Die Menge jubelt. Der Brückenschlag des polnischen Papstes zu den Italienern ist gelungen.

Schwieriger Job

Der erste Weg des neuen Papstes hinaus aus dem Vatikan führt zu einem kranken polnischen Freund: Johannes Paul II. besucht in der Poliklinik Gemelli den Bischof Deskur. Als er vor dem »Gemelli« eintrifft, haben sich dort Tausende von Neugierigen versammelt; es herrscht enormes Gedränge. »Ich danke allen, die mich begrüßt, und auch jenen, die mich in dem Gedränge verteidigt haben«, sagt der Papst und fügt humorvoll hinzu: »Wegen der übergroßen Zuneigung hätte ich fast riskiert, selber in diesem Spital zu bleiben.« Als er weitergehen will, ruft man ihm zu: »Den Segen, Heiliger Vater!« »Verzeiht mir, ich muss den Job noch lernen«, sagt daraufhin der Papst – und segnet die Menge.

»Zeit zum Essen«

Johannes Paul II. hatte von Anfang an auch die irdischen Bedürfnisse der Gläubigen im Blick. Am Tag nach seiner Wahl hielt er den ersten »Angelus«, das traditionelle Mittagsgebet, vor der großen versammelten Schar der Gäubigen auf dem Petersplatz, die den neuen Papst sehen und hören wollten. Danach folgte eine Ansprache. Die Gläubigen, darunter viele Pilger, richteten sich auf eine lange Rede ein, da sie glaubten, dass der neue Papst einige programmatische Punkte seines Pontifikats verkünden würde. Doch nach einer Viertelstunde beendete der Papst seine Rede und fügte hinuzu: »Ich glaube jetzt ist es Zeit für das Mittagessen – für Euch und auch für den Papst.«

Neue Tischsitten

Der neue Papst beauftragt den Erzbischof Caprio, ein großes Mittagessen im Hospiz Santa Marta zu organisieren, dem einzigen »Gasthof« des Vatikans. Caprio fällt aus allen Wolken, als er hört, dass an der Mahlzeit außer 28 polnischen Bischöfen und 40 weiteren Personen auch Johannes Paul II. persönlich teilnehmen wird. Es ist das erste Mal im 20. Jahrhundert, dass ein Papst »auswärts essen geht«. Zum (italienischen) Menü gibt es Mineralwasser und Wodka.

Spontane Einladung

Eine Generalaudienz im Petersdom. Johannes Paul II. grüßt Pilger, streichelt Kinder, schüttelt Hände. Als er in der Menge einen alten Bekannten aus Polen entdeckt, ruft er: »Hallo, Blachnicki, komm doch heute zum Abendessen.« Der Professor meldet sich daher abends am Vatikan-Tor Sant' Anna. Die schon informierten Schweizergardisten führen ihn zum Papst. »Dann«, so Blachnicki später, »war es wie daheim in Krakau.« Der Bischof von Rom und sein Gast unterhalten sich lange bei Borschtsch und Braten.

Ganz unpäpstlich

Der neue, sportliche Papst irritiert die ans steife Protokoll gewöhnten vatikanischen Würdenträger. Zum Beispiel, weil er beim Treppensteigen – völlig

»unpäpstlich« – seine weiße Soutane zusammenrafft und stets zwei, drei Stufen auf einmal nimmt. Als ihn ein beleibter Kurienkardinal fragt, ob diese Gangart nicht der päpstlichen Würde widerspreche, antwortet Johannes Paul lächelnd: »*Ich* habe Bewegung nötig und, ich glaube, *Sie* auch.«

Ungläubig

Sein Freund Bischof Deskur wird in eine Züricher Klinik eingeliefert. Der Papst ist besorgt. So entschließt er sich, vom Vatikan aus in der Schweiz anzurufen, um sich nach dem Befinden Deskurs zu erkundigen. Die Telefonistin im Züricher Landeskrankenhaus glaubt, nicht recht zu hören, als sich Wojtyła meldet: »Ich bin der Papst.« Sie ist einen Moment lang perplex, sagt aber dann mit der größten Freundlichkeit in den Hörer: »Und ich bin die Kaiserin von China.«

Im Beichtstuhl

Karfreitag 1979. Pilger verschiedener Nationalität legen im Petersdom die Beichte ab. Einige verlassen St. Peter anschließend verwirrt, so als mögen sie nicht glauben, was sie soeben erlebt haben: Sie seien sicher, im Beichtstuhl habe der Papst gesessen! Sie hätten ihn natürlich nicht sehen können, aber »es war ganz gewiss seine Stimme«, außerdem habe er alle Sprachen verstanden und gesprochen. Als sich diese »Ohrenzeugen-Berichte« mehren, beschließt ein Schweizergardist, sich in die Warteschlange vor dem Beichtstuhl mit dem Schild »Beichten in acht Sprachen« einzureihen. Gesagt, getan. Nachdem der Gardist seine Sünden bekannt hat, seufzt er: »Es ist wirklich der Chef. Mit welchen Abenteuern wird uns der noch überraschen!« Inzwischen weiß man: Tatsächlich saß der Papst inkognito im Beichtstuhl: Er wollte als Priester dem Volk nahe sein.

Auf Skiern

Seit seiner Jugend liebt Karol Wojtyła die Natur, die Berge. Im August 1979 segnet er, während es schneit, eine neue Marienstatue unterhalb des Marmolada-

Gipfels in den Dolomiten. Und im Juli 1984 unternimmt er, begleitet von dem betagten italienischen Staatspräsidenten Pertini, eine Blitzreise zum Skifahren auf den Adamello-Gletscher in der Provinz Trient. Die angeblich besten Fotos von der päpstlichen Skitour macht der Soldat Gabriele Pedretti. Er hatte sich heimlich an die Skipiste des Adamello herangepirscht. Wojtyła erlaubt dem Alpenjäger, ein paar Fotos zu »schießen«, und schenkt Pedretti einen Rosenkranz.

Perfekter Stil?

Mindestens vier Mal während seines Pontifikats entflieht der Papst dem Vatikan für einen Tag, um sich in den verschneiten Bergen zu entspannen. Um diese Ausflüge ranken sich manche Gerüchte. Am 19. März 1984 zum Beispiel fährt Wojtyła in einen Abruzzenort mit dem frommen Namen Montechristo. Mit schwarzem Skianzug, Pelzmütze und Skibrille. Die Angestellten des Skilifts: »Der Papst war hier. Er sagte kein Wort, er wollte inkognito bleiben. Aber wir haben ihn erkannt.« Der mysteriöse Mann habe mehrfach den Schlepplift benützt und sei »in perfektem Stil« die Piste hinabgefahren. Auch etliche Touristen wollen den Papst erkannt haben. Doch der Vatikan wiegelt ab: »Reine Phantasie.«

Beim Schwimmen

Wie aufs Skifahren, so mag Karol Wojtyła nach seinem Aufstieg zur Kirchenspitze auf ein anderes Hobby – das Schwimmen – nicht ganz verzichten. Und er ahnt: Wenn er sich nicht weiterhin durch Sport fit hält, wird er die Strapazen seines neuen Amtes nicht lange durchstehen. Deshalt lässt er in der Sommerresidenz Castelgandolfo einen Swimmingpool bauen, den er gern benützt. Journalisten fragen nach den nicht unerheblichen Kosten der Anlage. Darauf Johannes Paul: »Sicherlich ist dieser Pool viel billiger als ein neues Konklave.« Womit der Pontifex natürlich darauf anspielt, dass Sport sein Leben verlängern könne. – Die Fotos vom sportlichen Papst steigern seine Popularität.

»Wir wollen Gott«

Die erste Polenreise des Papstes, im Juni 1979, ist für Karol Wojtyła zugleich eine Heimkehr und ein Triumphzug. Die Medien staunen über diese im kommunistischen Machtbereich beispiellose Kundgebung des Glaubens und der Religionstreue. Bei seiner Ankunft küsst der größte Sohn Polens die polnische Erde und schreitet tiefbewegt die Ehrenkompanie ab. Das Staatsfernsehen kann nicht umhin, verschiedene Veranstaltungen mit Johannes Paul zu übertragen. Die katholischen Massen jubeln dem Papst zu. Oft unterbrechen sie seine Reden mit der inoffiziellen Hymne der kämpfenden Kirche Polens: »Wir wollen Gott, in der Familie, in unserem Heim, in unserer Freizeit. Wir wollen Gott.«

Kleiner Schnitzer

Johannes Paul II. versteht es geschickt, bei Reden auf Italienisch sogar mit kleinen sprachlichen Schnitzern Sympathie zu erwecken. Manchmal kokettiert er in diesem Punkt geradezu. So bei einer Generalaudienz vor 8000 Menschen. Da stolpert er über das Adverb »contemporaneamente« (gleichzeitig). Auch bei der Wiederholung will ihm das schwierige Wort nicht über die Zunge. Als deshalb freundliches Gelächter im Saal ausbricht, sagt Wojtyła schmunzelnd: »Das gefällt allen, wenn sich der Papst verspricht.«

Deutsch und Latein

»Grüß Gott, Herr Ministerpräsident!« Mit diesen Worten beginnt der Papst sein Gespräch mit Franz Josef Strauß, den er in Privataudienz empfängt. Der bayrische Politiker überreicht Johannes Paul II. eine Goldmedaille der »Patrona Bavariae« und eine Spende. Strauß wird nachher gefragt, in welcher Sprache denn die 47 Minuten dauernde Unterredung geführt wurde. Strauß antwortet: »Sie wurde auf Deutsch geführt. Wir haben aber gelegentlich möglichen Irrtümern durch Verwendung der lateinischen Sprache vorgebeugt.«

Gruß an Schirme

Ein Weihnachtsfeiertag in Rom. Trotz strömenden Regens haben sich Zehntausende von Gläubigen und Touristen auf dem Petersplatz eingefunden, um Johannes Paul II. zu erleben. Am Schluss seiner Ansprache ruft der Papst: »Ich grüße alle Personen – und alle Schirme.«

Alles was recht ist

Bei seinem Besuch in Mexiko waren einige juristische Spitzfindigkeiten notwendig, damit Papst Johannes Paul II. im Freien die Messe lesen konnte. Durch die strikte Trennung von Staat und Kirche sind Messen und das Tragen der Soutane im Freien verboten, und es dürfen auch nur Mexikaner die Messe lesen. Die Soutane wurde kurzerhand zum »Tageskleid« erklärt. Der Platz vor den Kirchen zu »Vorhöfen« und, da der Papst Spanisch konnte, wurde er gleich zum Mexikaner erklärt. Johannes Paul bemerkte, als er von diesen Umdeutungen hörte: »Juristen sind also doch zu etwas gut.«

Moment mal

Schon Johannes XXIII. und Paul VI. hatten ein gutes Verhältnis zu den Journalisten und Medienleuten. Sie hatten begriffen, dass sich auch die »Gute Nachricht« in der modernen Zeit unter anderem über moderne Kommunikationsmittel ausbreiten kann. Papst Johannes Pauls II. souveräner Umgang mit den Medien brachte ihm den Titel »Medienpapst« ein. Gleich nach seiner Wahl lud er die Journalisten ein und schloss mit ihnen ein »kreatives Bündnis«. Nach der Audienz fingen die kommunikativen Leute über die Ideen des Papstes schon an zu reden und zu diskutieren. Johanns Paul II. legte die Hände als Schalltrichter an den Mund und rief: »Moment noch, ich erteile euch jetzt den Segen.«

Faule Äpfel

Seine wichtige Rolle bei der Überwindung des Kommunismus in Osteuropa spielt der Papst herunter. Er wird mit den Worten zitiert: »Ich habe das nicht verursacht. Der Baum war schon in seinem Inneren verfault. Ich habe ihn nur noch ordentlich geschüttelt, und dabei sind die verfaulten Äpfel heruntergefallen.«

Protokoll missachtet

Beim Umgang mit den Medien setzt Johannes Paul II. oft seinen ganzen Charme ein. Schon wenige Tage nach seiner Wahl empfängt er die beim Heiligen Stuhl akkreditierten Journalisten und macht aus der Audienz eine lockere Pressekonferenz. Er erhebt sich, ganz gegen das Protokoll, von seinem päpstlichen Thron, geht zu den Medienvertretern hinunter, gibt kurze Interviews in verschiedenen Sprachen. Wie er sich denn so fühle, als Neuling im Vatikan? Darauf der Papst: Nun seien fünf Tage vergangen, »und wenn es so weitergeht wie bisher, dann glaube ich schon, es aushalten zu können«. Ob er weitere Pressekonferenzen dieser Art geben werde? Wojtyłas scherzhafte Antwort: »Erst werden wir mal sehen, wie Sie mich behandeln.«

Erlebnispädagogik

In Afrika überreichten dem Papst einmal zwei Kinder einen schön geschnitzten Elfenbeinzahn. Johannes Paul II. wusste von der Problematik des Ausfuhrverbotes von Elfenbein, wollte aber die Kinder nicht enttäuschen. so bedankte er sich und umarmte die beiden, erklärte aber ganz pädagogisch: »Seht mal, der arme Elefant, jetzt läuft er mit nur einem Stoßzahn durch den Busch!«

Der Superstar

Der Erfolg Johannes Pauls II. beim unzeremoniellen Umgang mit den Menschen hat Lobeshymnen zur Folge. Die Medien überschlagen sich geradezu in Elogen auf diesen ungewöhnlichen Nachfolger Petri. Blütenlese aus der italienischen Presse des Jahres 1979: Ein Magazin spricht vom »Superpapa«, eine Zeitung von »Papst Wojtyła Superstar«, und ein anderes Blatt versteigt sich angesichts der USA-Reise des Papstes zu der Überschrift: »Der John Travolta vom Heiligen Geist«.

Bestseller-Autor

Großes Interesse weckt auch der Papst als Schriftsteller. In seiner Jugend hat Karol Wojtyła Gedichte und Theaterstücke geschrieben. Als Professor, Bischof und Kardinal verfasst er etliche Bücher über katholische Ethik. Und im Oktober 1994 kommt sein (auf 35 Interview-Fragen basierendes) Opus »Die Schwelle der Hoffnung überschreiten« heraus. Kurz darauf erwähnt Johannes Paul II. vor sizilianischen Jugendlichen dieses Buch und fügt ironisch hinzu: »Ihr habt es sicher nicht gelesen. Das ist auch besser so. Es ist gar kein Buch, sondern eher ein Interview.« Der in viele Sprachen übersetzte Band wird ein Bestseller.

Lediger Vatikanbürger

Da Mexiko und der Heilige Stuhl keine diplomatischen Beziehungen unterhalten, bekommt der Papst nur ein Visum als »privater Besucher«. Dementsprechend kurios sind die Angaben auf dem Dokument.
Name: Seine Heiligkeit Johannes Paul II. (Karol Wojtyła)
Geboren: 18. 5. 1920 in Wadowice, Polen
Stand: Ledig
Adresse: Vatikan

Schinken und Käse

Der Papst besucht das umbrische Städtchen Norcia (früher Nursia), den Geburtsort des heiligen Ordensgründers Benedikt. Die Bewohner bringen dem Bischof von Rom und Primas von Italien Geschenke: ein Lämmchen, einen großen Schinken, einen Laib Käse. Bei so vielen Geschenken, kommentiert Johannes Paul humorvoll, tue er sich schwer, nicht reich zu werden. »Aber keine Angst, der Papst wird kein Kapitalist. Keine Angst!«

Verdreher

Die Mädchen von einer Schülergruppe aus den Abruzzen, die bei einer Generalaudienz von Johannes Paul II. anwesend war, waren überaus begeistert vom Heiligen Vater und überboten sich gegenseitig, dem Papst die Hände zu schütteln, die Soutane zu berühren und ihn sogar anzufassen und über den Kopf zu streicheln. Der Papst konnte sich kaum erwehren und stellte seiner Rede ein kleines, freies Vorwort voran: »Ihr habt gerufen, es lebe der Papst! Ja, er lebt glücklicherweise noch, trotz des Gedränges. Viele haben um seine Hand gebeten, aber sie haben sie nicht bekommen. Einige Mädchen wolten mir sogar den Kopf verdrehen, aber es ist ihnen ebenfalls nicht gelungen.«

Stammeshäuptling Wojtyła

In der kenianischen Hauptstadt Nairobi widerfährt Johannes Paul II. folgendes: Kaum hat der hohe Gast nach einem Gottesdienst die liturgischen Gewänder abgelegt, da legt ihm (wie der Publizist Domenico Del Rio berichtet) ein schwarzer Priester ein Ziegenfell über die Schultern. Mit Gesten wie bei einer Inthronisation wird ihm eine federgeschmückte Kopfbedeckung aufgesetzt. Und ein Vertreter des Masai-Stammes übergibt ihm einen Speer als Symbol der Autorität. Kurzum, der Papst wird zum Stammeshäuptling gekrönt. Die Kenianer jubeln.

Wie der heilige Paulus

Im Frühsommer 1980 startet Johannes Paul II. nach Brasilien. Da der Abflug schon in aller Herrgottsfrühe eingeplant ist, verabschiedet sich der Papst schon tags zuvor beim Angelus-Gebet von den Römern. Dabei rechtfertigt er seine Reiselust mit pastoralen Zwecken: »Ich fühle mich wie der heilige Paulus – zum Reisen gezwungen.«

Lob für Luther

Bei seiner ersten Pastoralreise nach Deutschland 1980 trifft Johannes Paul II. in Mainz auch mit Repräsentanten der Evangelischen Kirche zusammen. Er spricht mit großem Respekt von Martin Luther, der einst als Pilger nach Rom kam. »Jetzt komme ich zu euch, den geistigen Erben Luthers, und ich komme als Pilger, um diese Begegnung in einer gewandelten Welt zu einem Zeichen der Einheit im Glauben zu machen.« Die Protestanten, so ein Kommentator, waren »ganz baff über diesen ökumenischen Ton«.

Ein Gegenreformator?

Der Deutschland-Besuch Johannes Pauls II. findet ein breites Echo; in den Medien wird teils respektvoll, teils kritisch, teils flapsig berichtet. Die Süddeutsche Zeitung sieht in der Visite »die beste Gegenreformation aller Zeiten«. Fernsehexperten konstatieren, dass die Live-Sendungen vom Papstbesuch eine durchschnittliche Einschaltquote von 26 Prozent haben. »Damit liegt Johannes Paul II. in der Zuschauergunst so hoch wie US-Krimiserien.«

Sympathische Herren

Auf einer langen Reise nach Ostasien und Ozeanien macht der Papst kurz Station in Alaska, wo er in Fairbanks mit US-Präsident Ronald Reagan zusammentrifft. Später fragen ihn Journalisten, wie die Begegnung denn verlief. »Ausgezeichnet«, antwortet Johannes Paul. »Reagan ist sehr sympathisch, aber auch ich bin ja nicht unsympathisch, oder?«

Ein Weltmeister

Beim Abschluss seiner Pastoralvisite in Venezuela 1985 wird Johannes Paul II. im Sportstadion der Universität Caracas mit südländischer Begeisterung gefeiert. Tausende von Jugendlichen singen und tanzen. Schließlich springt der Ansager auf das Podium des

Papstes und packt Wojtyłas Arm. Er reckt ihn in die Höhe, so wie man es mit siegreichen Boxern im Ring macht, und ruft: »Er ist der Weltmeister.«

Der vom Fernsehen

Johannes Paul II. besucht Bogota. Das Motto der Reise »Mit dem Frieden Christi auf den Straßen von Kolumbien« steht auf unzähligen Schildern und Mauern. Nach der offiziellen Begrüßung am Flughafen geht der hohe Gast auf die hinter Absperrgittern wartende Menschenmenge zu. Ein kleiner Junge ergreift seine Hand und fragt: »Bist du wirklich der vom Fernsehen?« »Ja, genau der bin ich«, antwortet Johannes Paul und küsst den Knirps auf die Stirn.

Mexikanischer Lärm

Während eines Aufenthalts in Mexiko City übernachtet Johannes Paul II. im Gebäude der Apostolischen Delegatur. Doch schlafen kann er kaum, denn unter seinen Fenstern gibt es mächtigen Lärm: Hochrufe, Gitarrenmusik, Gesänge. Morgens dann grüßt der Papst die Ruhestörer und merkt an, wie der italienische Autor Domenico Del Rio (in: I Fioretti di Papa Wojtyła, Bologna 1999) berichtet: »Ihr seid ja sehr tüchtig. Aber mir wäre es lieber, wenn ihr tagsüber tüchtig wärt und nachts schlafen geht, dann würdet ihr auch mich ausruhen lassen.«

Kleiner Unterschied

Anfang der Neunziger Jahre, als man den Eindruck gewinnt, der Heilige Vater lasse bei seinen Reisen wahrlich keinen Erdenwinkel aus, kursiert in Italien folgender Witz: »Was ist der kleine Unterschied zwischen Gott und dem Papst?« »Nun, Gott ist überall – der Papst hingegen war schon überall.«

»We love you!«

Weltjugendtag 1995 in Manila unter dem Motto »Wie mich der Vater gesandt hat, so sende ich euch.« Etwa vier Millionen Menschen – ein Rekord – kommen zum Gottesdienst mit dem Heiligen Vater. Die Begeisterung kennt keine Grenzen. Als die Menge

»We love you!« ruft, antwortet Johannes Paul II: »Auch ich liebe euch.« Dann steigern sich die überschwänglichen Katholiken noch, und der Papst tut's ihnen nach: »We kiss you!« »I also kiss you. No jealousy!« (»Ich küsse euch auch. Nur keine Eifersucht!«)

Stille Nacht

Über 200 000 Gläubige nehmen an einer Papstmesse im Central Park von New York teil, wobei ein Orchester und ein vielköpfiger Chor für die musikalische Gestaltung sorgen. Schließlich singen alle. Obgleich es erst Oktober ist, erinnert Karol Wojtyła bewegt an ein Weihnachtslied, das er einst als Junge in Polen sang »und das ich auch als Papst noch immer singe«. Dann stimmt er auf Polnisch »Stille Nacht, heilige Nacht« an. Der Chor macht sogleich mit – mächtig ertönt das berühmte, einst in Salzburg entstandene Weihnachtslied im Central Park.

Litanei der Jugend

Im New Yorker Madison-Square-Garden, unter anderem als Ort großer Boxveranstaltungen bekannt, nimmt der Papst eine Art phonetischen Schlagabtausch mit den Jugendlichen auf. Zunächst kommt er nicht zu Wort. Musicbands, Songs, Slogans, Klatschen, Geschrei lassen fast das Trommelfell platzen. »Huh«, spricht der Papst ins Mikrofon, anfangs leise, dann nochmals »huh«, diesmal lauter. Einige horchen auf. Schließlich »huh, huh, huh«. Der Rhythmus steigert sich, die Lautstärke auch. Dann brummt der Papst: »Mhm.« Die Antwort ist ein vielstimmiges »Mhm«. Langsam wird es leise, dann setzt ein »Amen« den Schlusspunkt. Ein vatikanischer Monsignore seufzt: »Die Allerheiligen-Litanei der heutigen Jugend.«

Mütze ab

Während einer Ferienwanderung in den Dolomiten begegnet Johannes Paul II., so wird erzählt, einem Touristen aus Ostdeutschland. Der Mann spricht ihn an und sagt auf Deutsch: »Danke für alles, was Sie in Ihrem Pontifikat getan haben. Wir, die wir in der

DDR lebten, wissen, für was wir Ihnen Dank schulden.« Der Papst nickt, nimmt zum Zeichen des Respektes seine Mütze ab, grüßt und geht nachdenklich weiter.

Humorvoller Patient

Vier Wochen lang wird Johannes Paul damals, anno '94, im »Gemelli« stationär behandelt. Der Patient beweist Geduld und Humor. Eines Tages zeigt er sich am Fenster seines Krankenzimmers und sagt zu den vor dem Spital versammelten Gläubigen. »Ich danke euch und wünsche euch, dass ihr nicht mehr hier herausfahren müsst. Unsere Professoren und die Schwestern haben versprochen, dass sie alle in den Vatikan umziehen.«

Das Paradies kann warten

Dutzende von Publizisten spekulieren Mitte der Neunziger Jahre über die »papabili«, schreiben Artikel und Bücher über »den Nachfolger«. Doch Johannes Paul II., so scheint es, straft sie alle Lügen. Er hält durch, führt die Kirche ins dritte Jahrtausend und bewirkt somit, dass man die ersten Prognosen über mögliche Papstkandidaten über den Haufen werfen muss. Ausführlich befasst sich die Mailänder Zeitung »Il Giornale« mit dem trotz seiner Gesundheitsprobleme energisch weiterregierenden Papst und dem voreiligen Nachfolge-Tamtam. Die treffende Überschrift des Artikels: »Wojtyła, das Paradies kann warten. Und der nächste Papst auch.«

Im Heiligen Land

Weltweite Beachtung und uneingeschränktes Lob findet die historische Pilgerfahrt von Johannes Paul II. ins Heilige Land (im März 2000). Bei einem Besuch der Holocaust-Gedenkstätte Yad Vashem in Jerusalem geht der Papst auf sechs Überlebende der Judenverfolgung zu und gibt ihnen die Hand. Unter diesen Sechs ist auch eine Frau, von der man folgendes erzählt: Sie war einst als 14-jähriges Mädchen zu schwach gewesen, um nach der Befreiung das KZ Auschwitz zu verlassen. Ein junger Pole fand das Mädchen zwischen Bergen von Leichen, trug es hinaus und rettete ihm so das Leben. Der Mann hieß Karol Wojtyła – der spätere Papst.

Ältere Brüder

Unvergessen sind die Bilder von Johannes Paul II. an der Klagemauer. Dort steckt der Pontifex ein Blatt mit einem Gebet in eine Mauernische. Dann bittet er, ganz unerwartet, Gott um Vergebung aller Sünden, die man dem jüdischen Volk angetan hat. Die Rabbiner vermerken mit Genugtuung, dass das Oberhaupt der katholischen Kirche die Juden erneut als »unsere älteren Brüder« bezeichnet. Und der Oberrabbiner von Jerusalem wird mit den Worten zitiert: »Wir wissen, dass der Vatikan seine Grenzen hat; aber dieser Papst hat die Grenzen bis ans Äußerste hinausgeschoben.«

Italiens neuer »leader«?

Johannes Paul II. gewinnt im Lauf der Zeit wachsendes Prestige in Italien. Das zeigte sich besonders im Mai 2000, als er seinen 80. Geburtstag feiert. Nicht nur Christdemokraten, sondern auch kirchenferne, laizistische Gruppen und angesehene Linke äußern Respekt oder schwärmen geradezu für ihn. »Ist vielleicht der Papst der neue ›civil leader‹ Italiens?« fragt die Turiner Zeitung »La Stampa« und gibt zwischen den Zeilen gleich selbst die Antwort: Ja! Je kleinkarierter die politische Elite des Landes, umso mehr Glanz fällt auf diesen »leader« von Weltformat. Als Bewahrer hoher Werte für die einen, als Hoffnungsträger für die anderen.

Happy birthday!

An seinem 80. Geburtstag konzelebrieren rund 5000 Priester, Bischöfe und Kardinäle im Petersdom eine Messe mit dem Papst. Anschließend folgen 115 Kirchenmänner einer Einladung zum Geburtstagsschmaus im vatikanischen Hospiz Santa Marta. Am Tisch des Jubilars sitzen 12 Geistliche, die vor kurzem ihren »Achtzigsten« feierten oder ihn demnächst feiern, sowie einige Kardinäle. Der Papst schneidet die Geburtstagstorte an, er trinkt, ebenso wie seine Gäste, ein Glas Champagner und ist gerührt, als es zu einer nicht vorgesehenen »Einlage« kommt: Die Kardinäle singen: »Happy birthday to you ...«

Katholisches Woodstock

Für die Teilnehmer des Weltjugendtages, eine bunte, optimistisch gestimmte und internationale Christenschar, gerät das römische Treffen im August 2000 zum unvergesslichen Erlebnis. Der Mega-Event, halb Happening, halb Andachtswoche, hat viele Facetten. Er freue sich, resümiert ein deutscher Bischof, so vielen jungen Gläubigen »zwischen Pizza, Papst und Petersdom« zu begegnen. Italiens Medien über das Jugendfest: »Ein katholisches Woodstock«.

Tränen der Rührung

Der Schwung des Jugendtreffens und das Ausmaß der ihm entgegengebrachten Zuneigung überrascht selbst den Papst. Als temperamentvolle Südamerikaner ein Lied anstimmen, klopft er den Takt mit. Und er ist, tiefbewegt, den Tränen nahe, als die unübersehbare Menge die Hymne des Weltjugendtages singt. Dann kommt es zu einer im Programm nicht vorgesehenen Episode: Ein Mädchen, das zur Gruppe der 300 »Jugendlichen aus Kriegsgebieten« gehört, durchbricht den Sicherheitskordon, eilt die Stufen zum

Abb. 5: Karol Wojtyla rasiert sich während einer Bergtour im Jahr 1959.

Abb. 6: Ein kleines betendes Mädchen während einer Messe neben Papst Johannes Paul II.

Abb. 7: Papst Johannes Paul II. bei seinem Urlaub im Aostatal.

Abb. 8: Nach jüdischer Tradition betet Johannes Paul II. an der Klagemauer und legt dabei einen Gebetszettel in die Ritzen.

Podium hinauf und fällt dem Papst in die Arme. Johannes Paul kann Tränen der Rührung nicht unterdrücken.

Fußball-Papst

Als erster Papst der Kirchengeschichte wohnt Johannes Paul II. einem Fußballspiel bei. Und zwar im Oktober 2000 im römischen Olympiastadion, wo sich – im Rahmen des »Jubiläums der Sportler« – vor 80 000 Zuschauern zwei ausgewählte Mannschaften gegenüber stehen. Tags zuvor hatte der Papst, der einst in seiner Schulzeit Torwart in Wadowice gewesen war und Ehrenmitglied des Bundesligisten FC Schalke 04 ist, viele Sportler und Funktionäre empfangen. Der Sport, betont er, hat eine »Seele«; er kann durchaus positive Werte vermitteln. Deutlich verurteilt der Papst unter anderem das Doping. Und schließlich mahnt er: Aus Liebe zum Fußball soll man ja nicht den Gottesdienst schwänzen!

»Mit dem neuen Papst hat die Kirche ihren Beckenbauer gefunden – einen zurückgezogenen Regisseur, der aber lange Pässe in die Tiefe schlagen kann und beim Spiel das ganze große Team der Kirche einbezieht.«

Kardinalstaatssekretär Tarcisio Bertone

Joseph Ratzinger

Benedikt XVI.

Im Ostergeheimnis

Dass Joseph Ratzinger ausgerechnet an einem Karsamstag, im April 1927, zur Welt kam, hat für seine Familie und für ihn besondere Bedeutung. Denn so ergibt sich's, dass man ihn schon bald danach mit dem frisch geweihten Wasser der »Osternacht« taufen kann. Es hat ihn, wie er betont, stets mit Dankbarkeit erfüllt, dass sein Leben von Anfang an »ins Ostergeheimnis eingetaucht war. Das konnte nur ein Zeichen des Segens sein.«

Marias Zöpfe angesengt

In der katholischen bayerischen Provinz ergibt es sich beinahe von selbst, dass sich die Kinder auch außerhalb der Schule oft sozusagen spielerisch – aber durchaus respektvoll – in der verschiedensten Form mit Religion befassen. Eine bezeichnende Episode dazu erzählt Joseph Ratzinger dem Journalisten Peter Seewald: Man habe in Hufschlag mit großem Eifer »Priester gespielt«. Einen kleinen Altar dazu hatte Onkel Benno gestiftet; liebevolle Tanten schneidern Alben, Stola, Paramente. In Prozession ziehen die drei Ratzinger-Sprösslinge zu ihrem heiligen Altar, »wobei es allerdings schon mal vorkommt, dass meiner Schwester Maria dabei von einer Kerze die Zöpfe angesengt werden«.

Entscheidung für den Priesterberuf

In das Dorf Aschau am Inn, wo Joseph im Jahr von Hitlers »Machtergreifung« in die Volksschule kommt, übersiedeln die Ratzingers 1932. Dann, nach seines Vaters Pensionierung, zieht die Familie nach Hufschlag am Stadtrand von Traunstein, wo Joseph in das humanistische Gymnasium eintritt. Er verschlingt viele Bücher in jenen Jahren, weshalb ihn die Schulkameraden ironisch »Bücherratz« nennen. Ratzinger selbst schreibt später, dass ihn die griechischen und lateinischen Klassiker begeisterten, dass er »hingerissen« Goethe las, während Schiller ihm etwas zu moralistisch erschien. Besonders liebt er die Dichter des 19. Jahrhunderts: Eichendorff, Mörike, Storm und Stifter.

Außerdem beginnt er selber zu dichten und wendet sich »mit neuer Freude den liturgischen Texten zu«, die er lebendiger aus den Urtexten zu übertragen versucht. Also wiederum ein religiöser Akzent. Der Glaube ist ja auch ein Grundthema in seiner Familie, wo

Tischgebet, Abendgebet und Kirchgang selbstverständlich sind. Zwar überlassen die Eltern die Entscheidung über den künftigen Lebensweg durchaus den Söhnen. Doch, so berichtet Bruder Georg später, die »ganze Atmosphäre« verweist auf geistliche Berufe. Georg wird Ministrant, Schüler im bischöflichen Internat, wo er beschließt, Priester und Kirchenmusiker zu werden.

Bei Joseph hingegen ist die Sache nicht so schnell klar. Beeindruckt von einem tüchtigen Malergesellen, war sein Traumberuf zunächst Anstreicher. Als aber eines Tages der Münchner Erzbischof Michael von Faulhaber in die Gegend kommt und im prächtigen Kardinalsgewand aus dem Auto steigt, verzaubert dies den frommen Jungen derart, dass er angeblich sagt: »So was will ich auch werden.«

Das Traunsteiner Gymnasium gilt ohnehin als Kaderschmiede für den Priesternachwuchs. Und bald drängt der Pfarrer darauf, den blitzgescheiten Gymnasiasten ins Knabenseminar aufzunehmen, um ihn »systematisch ins geistliche Leben einzuführen«. So wird Joseph, inzwischen 12, denn Seminarist. Auch wenn er später rückblickend klagt, er sei absolut nicht fürs Internat geschaffen. Weil er – auch im Lernen – an Freiheit gewöhnt ist, empfindet er es als eine Qual, nun in einen Studiersaal mit 60 anderen Buben eingefügt zu sein. »Die größte Belastung aber war es für mich, dass jeden Tag zwei Stunden Sport vorgesehen waren. Da ich sportlich nun einmal ganz unbegabt bin ... wurde dies zu einer wahren Folter für mich.«

Während seiner Zeit als Flakhelfer versucht man, den jungen Ratzinger dazu zu überreden, zur Waffen-SS zu gehen. Aber: »Mit einigen anderen hatte ich das Glück, sagen zu können, dass ich die Absicht hege, katholischer Priester zu werden.« Die auf dieses Bekenntnis folgenden Beschimpfungen und Verhöhnungen prallten am jungen Ratzinger ab, er empfand sie als Auszeichnung.

Poetischer Kaplan

Im Frühjahr 1946 beginnt Joseph Ratzinger sein Studium an der Theologisch-Philosophischen Hochschule in Freising bei München. Dazu wohnt er natürlich im Priesterseminar. Dort herrscht, wie er in seinen Erinnerungen beschreibt, eine sehr lebendige Atmosphäre. Denn die Studenten, durchweg Kriegsheimkehrer, waren »von einem geistigen und literarischen Hunger erfüllt«.

Etwa 120 Seminaristen studieren in Freising. »Schon damals fällt der Sepp durch seinen scharfen Verstand und seine Formulierungsgabe auf«, erzählt später einer seiner Kommilitonen, der Heimatdichter Georg Lohmeier. »Er war sehr ernst und verschwiegen. Ich hab' mir schon damals gedacht, vielleicht wird er ein Kirchenlehrer.« Lohmeier sollte Recht behalten ... Auf die Zeit im Seminar mit dem Schwerpunkt Philosophie folgt das Theologiestudium in München. Und zwar, weil die Uni noch in Trümmern liegt, zunächst im einstigen Jagdschloss Fürstenried, südlich der Stadt. Hörsäle? Keine Spur – weshalb die Vorlesungen im Gewächshaus des Schlossgartens stattfinden. Im Juni 1951 dann wird Joseph zusammen mit seinem Bruder Georg im Freisinger Dom von Kardinal Faulhaber zum Priester geweiht.

Seinen Seelsorgedienst beginnt der junge Priester als Kaplan im Münchner Stadtviertel Bogenhausen. Er gibt Religionsunterricht. Ein kleines Mädchen namens Jutta, so berichtet der Papst-Biograf Stefan v. Kempis, bittet ihn um einen Eintrag in ihr Poesiealbum. Also dichtet der Kaplan:

Gott allein genügt
Was das Herz auch sonst noch liebt
Was es sehnend will umfangen
Was es dränget zu erlangen
Ist von ihm ein Schimmer nur

Der uns weist auf seine Spur –
Er ist's, der dies alles gibt:
Gott allein genügt.

(Zur Erinnerung an deinen Religionslehrer Joseph Ratzinger)

Der mit dem Fahrrad kam …

Bonn, Münster, Tübingen: Die Wanderjahre des Professors Ratzinger dauern an. Im Sommersemester '66 beginnt er seine Vorlesungstätigkeit an der berühmten Universität der schwäbischen Kleinstadt. Für seine Berufung auf den zweiten Dogmatik-Lehrstuhl an der katholisch-theologischen Fakultät in Tübingen hatte sich besonders Hans Küng eingesetzt. Gleichwohl gibt es auffallende Gegensätze zwischen den beiden Professoren. Während Ratzinger bescheiden mit Radl und Baskenmütze in die Uni kommt, fährt der bereits als Star geltende und von Eitelkeit nicht freie Küng in einem schicken Sportwagen vor. Diese Kontraste sind den Zeugen jener bewegten Jahre so deutlich in Erinnerung geblieben, dass Freddy Derwahl daraus sogar ein Doppelporträt machte: »Der mit dem Fahrrad und der mit dem Alfa kam.«

Der aus der Schweiz stammende, extrovertierte Küng, stichelt Derwahl, ist mit »seiner alpinen Hoch-

frisur und kantigen Schmissen« eher ein PR- oder Manager-Typ als ein Theologe. Dagegen wirkt Ratzinger, der »Bücherratz«, der auf seinem Drahtesel durch Tübingen schnauft, etwas altmodisch. Der eine »argumentiert mit der geballten Faust eines Holzfällers vom Vierwaldstätter See«, der andere schwenkt »feingliedrig die Finger, als dirigiere er eine Mozart-Ouvertüre«. Was die beiden trotz allem eint, ist die leidenschaftliche Frage nach Gott sowie der Wunsch, das Konzil in die Tat umzusetzen.
Gerade in diesem Punkt freilich wächst die Unruhe, wächst Ratzingers Irritation. Eindringlich warnt er vor Fehldeutungen des Konzils. Statt des erhofften »Sprungs nach vorn« beginne ein Niedergang. Und der ist eng verquickt mit der besonders in Tübingen einflussreichen Studentenbewegung. Die theologischen Fakultäten ein Bollwerk gegen die marxistische Versuchung? Nein, schreibt Joseph Ratzinger im Rückblick, »das Gegenteil war der Fall: Sie wurden zum ideologischen Zentrum«.

Mozart der Theologie

In Regensburg hat Ratzinger endlich, was er so lange entbehrte: Familie, gute Freunde und ausreichend Zeit zum Schreiben. Wobei er vor brisant-aktuellen Themen nicht zurückschreckt. So entsteht in Zusammenarbeit mit dem Münchner Politologen Hans Maier der Band »Demokratie in der Kirche«. Ein opus, das sogleich Aufsehen erregt. Denn da klagt der Theologieprofessor Ratzinger über die Nabelschau einer Kirche, die sich fast nur noch für Organisation, für Strukturen interessiert – und dabei gar nicht merkt, dass das Wesentliche, die Weitergabe des Glaubens, zu verdunsten droht. Ist, so fragt Ratzinger indirekt, der Empfänger der deutschen Katholiken überhaupt noch auf den Sender Gott eingestellt? Überraschend für manche, aber doch charakteristisch für Ratzinger: Er misstraut dem Erstarrten und pocht auf das Lebendige, auf den Glaubenskern.

1969 ernennt ihn Papst Paul VI. zum Mitglied der Internationalen Theologenkommission, die den Vatikan bei einschlägigen Themen regelmäßig auf den neuesten Stand bringen soll. In diesem Gremium hat er Kontakt zu Henri de Lubac, zu Yves Congar und besonders zu Hans Urs von Balthasar. Er habe, schreibt Ratzinger später, nie wieder Menschen mit einer so umfassenden theologie- und geistesgeschichtlichen Bildung wie Balthasar sowie de Lubac getroffen und verdanke diesen Begegnungen unermesslich viel.

Das alles beeinflusst auch seine Vorlesungen, die immer »reicher«, immer differenzierter werden. Und die man eben deshalb in Regensburg schätzt. Stefan v. Kempis zitiert dazu einen seit langem mit Ratzinger befreundeten bayerischen Pfarrer: »Er ist ein Mozart-Typ. Ein heiteres Wunderkind der Theologie, dem die Gedanken und Formulierungen so zufliegen wie einst dem jungen Mozart die Noten. Er klagt nie, ist immer gütig, immer heiter. Eben wie Mozart. Auch der kannte Himmel und Hölle, hat aber nie seine privaten Probleme in seiner Musik abgelagert.«

»Herr, tu mir das nicht an!«

Vatikan, 18. April 2005, ein Montag. Hochspannung bei Beginn des Konklaves. 115 Kardinäle – darunter sechs deutsche – ziehen in feierlicher Prozession betend und singend in das prächtigste Wahllokal der Welt: die Sixtinische Kapelle, an deren Stirnseite Michelangelos Fresko »Das Jüngste Gericht« prangt. Beim Ruf »Extra omnes« des Zeremonienmeisters verlassen alle Nicht-Befugten die Kapelle, das Haupttor fällt ins Schloss, die Türflügel werden versiegelt.

Draußen auf dem Petersplatz starren bei launischem Aprilwetter mit kleinen Regenschauern Tausende von Journalisten wie gebannt auf den kleinen Schornstein der »Sixtina«: Schwarzer Rauch, weiß man, zeigt ein erfolgloses Votum (sprich: keine Zweidrittelmehrheit für einen Kandidaten) an – weißer Rauch hingegen die erfolgte Papstwahl. Was geschieht? Nun, am Montagabend kräuselt es schwarz aus dem Rohr. Tags darauf, gegen Mittag steigt – gemeinsam für den zweiten und dritten Wahlgang – abermals schwarzer Rauch auf. Niente, wieder nichts.
Was in der »Sixtina« genau läuft, sickert – trotz der Geheimhaltungspflicht für Kardinäle und Helfer – erst später durch. Daher weiß man: Schon beim dritten Votum erhält Ratzinger die meisten Stimmen, die Wahl läuft auf ihn zu. Weshalb der Bayer ein kurzes Stoßgebet spricht: »Herr, tu mir das nicht an! Du hast Jüngere und Bessere.«
Doch der Herr, könnte man sagen, überhört ihn: Schon im vierten Wahlgang, am späten Nachmittag des 19. April, erreicht und überschreitet der Kandidat Ratzinger die notwendige Zweidrittelmehrheit. Weißer Rauch aus dem Schornstein, Glockengeläut. »Nimmst du die Wahl an?«, wird unterdes in der Kapelle Ratzinger (stilgerecht auf Lateinisch) gefragt. »Ja.« Der Gewählte betet im Stillen. Dann entscheidet er sich für den Namen »Benedikt XVI.«.

»Wir sind Papst!«

Joseph Ratzingers Wahl zum neuen geistlichen Oberhaupt von weltweit über einer Milliarde Katholiken löst in Deutschland weithin patriotische Begeisterung aus. Dabei schießt »Bild« den Vogel ab: »Wir sind Papst«, titelt das große Boulevardblatt am 20. April 2005 – so als ob die Kardinäle im Konklave gleich das ganze Teutonenvolk zur Führung der Kirche berufen hätten. Aber in einem Punkt hat »Bild« sicher recht: Es ist eine »Jahrtausendsensation«, dass erstmals seit 482 Jahren nun wieder ein Deutscher auf dem Stuhl Petri sitzt.

Sogar die zurückhaltende »Frankfurter Allgemeine Zeitung«, die nur ganz selten mal ein Foto auf der Frontseite bringt, zeigt auf Seite eins ein Konterfei von Benedikt XVI., alias Joseph Ratzinger. Und die Münchner »Abendzeitung« nützt Ratzingers Wahl zu einem plumpen Einbürgerungsversuch: Weil der Pontifex maximus bekanntlich einst Oberhirte der bayerischen Landeshauptstadt war, schummelt das Blatt: »Ein Münchner ist der neue Papst.«

Andere Reaktionen von Ratzingers Landsleuten? Da ist etwa die prominente Regensburger Fürstin Gloria von Thurn und Taxis. Sie erlebt die Wahl vor Ort mit, am Petersplatz. Überglücklich, so wird berichtet, fällt sie auf die Knie. Und ruft in ihr Handy: »Jetzt ist

Zeit zum Feiern. Wir haben einen Platz im Himmel!« Ganz ähnlich empfinden es die meisten Regensburger. Im Dom findet ein Dankgottesdienst statt.
In Ratzingers Geburtsort Marktl am Inn, schreibt ein Papstbiograf, »sind die Leute völlig aus dem Häuschen«. Fahnen, Umarmungen, Tränen der Freude. Dann versammeln sich auch hier viele Bürger zum Dankgottesdienst in der Dorfkirche. Unterdes ordnet Bayerns Ministerpräsident Edmund Stoiber, der die Papstwahl eines Deutschen und Bayern als »historisches Ereignis« rühmt, die Beflaggung aller öffentlichen Gebäude im Freistaat an. Etwa nach dem Motto »Habemus Bavaricum!«.

Knödel und Apfelstrudel

Kaum ist Joseph Ratzinger zum Katholikenoberhaupt gewählt, interessiert sich die neugierige Öffentlichkeit natürlich auch für alles, was den Papst »ganz privat« betrifft. Man weiß: Er liebt klassische Musik, speziell Mozart, er spielt Klavier, er mag Katzen – und er freundet sich in seiner langen Zeit in Rom mit der Küche all'italiana an, schätzt aber besonders Gerichte aus seiner bayerischen Heimat. Bei der Frage »Wer versorgt Joseph Ratzinger?« ist ein

Rückblick nötig. 30 Jahre lang, bis zu ihrem Tod, führt ihm seine Schwester Maria den Haushalt. An ihre Stelle tritt 1991 die vom Niederrhein stammende Ingrid Stampa. Eine interessante, hochgebildete Frau.
Sie war Musikprofessorin (Viola da Gamba) in Hamburg, kam später nach Rom und gab ihre weltliche Karriere auf, um nach ihren eigenen Worten »nur noch Gott zu dienen«. Schon bald, schreibt Peter Seewald, »verbinden den Mann des Glaubens, Kardinal Ratzinger, und die Frau der Musik tiefe Freundschaft, Vertrauen und Respekt«. Ingrid Stampa berät den Kardinal sowohl in musikalischen wie auch in literarischen Fragen. Außerdem sorgt sie für sein leibliches Wohl – zunächst bekocht sie ihn italienisch, dann aber auch bayerisch.
19. April 2005: Als Ingrid Stampa die Wahl ihres Chefs zum Papst erfährt, bricht sie vor Überwältigung in Tränen aus. Für den neuen Pontifex trägt sie einen Teil seiner Sachen von der Wohnung gleich hinter dem Petersplatz hinüber in den Apostolischen Palast. Und bei Benedikts ersten Auftritten im Vatikan sieht man sie nur wenige Schritte hinter ihm, in Schwarz gekleidet. Schon bezeichnet man sie als »First Lady im Vatikan«. Unsinn! Ingrid Stampa, die ja keine Nonne ist, zieht nicht in den Papstpalast, auch wenn sie weiterhin für den Vatikan tätig ist.

Den Haushalt Benedikts führen nun einige Laien-Frauen aus der italienischen Gemeinschaft »Communione e Liberazione«. Sie servieren dem Papst schon mal dessen Lieblingsgerichte aus der Heimat: Schweinsbraten mit Semmelknödel, Dampfnudeln und Apfelstrudel.

»Vergelt's Gott«

Am Tag nach seiner Amtseinführung lädt Benedikt XVI. seine deutschen Landsleute zu einem Treff in der vatikanischen Audienzhalle ein. Dabei schildert er überraschend seine Empfindungen im Konklave, als sich seine Wahl abzeichnete. »Als ich erkannte, dass das Fallbeil auf mich niederging, wurde mir schwindlig ... Ich habe zum Herrn gefleht: Tu mir das nicht an, es gibt Geeignetere und Jüngere. Aber der Herr hat mir offenbar nicht zugehört.« Lauter Beifall unterbricht den Plauderer. Man singt Kirchenlieder. Und als der Papst durch die Menge geht, ertönen erneut Sprechchöre (diesmal auf Deutsch): »Be-ne-dikt, Be-ne-dikt«. Gerührt von so viel Zuneigung, dankt Joseph Ratzinger mit einem echt bayerischen »Vergelt's Gott!«.

Kultobjekt Papst-Golf

Großer Wirbel um einen alten VW-Golf, der einst Kardinal Ratzinger gehörte: Das Fahrzeug wird vom Internet-Auktionshaus eBay für knapp 190000 Euro versteigert. Wie das? Nun, Ratzinger besaß zwar nie einen Führerschein, saß also nie selber am Steuer. Aber als Kurienkardinal erlaubt er seinem früheren Sekretär, das Auto unter dem Namen des Chefs zu chauffieren, und er fährt gelegentlich mit – bei Ausflügen rings um Rom. Dann gelangt der Golf in den Besitz eines jungen deutschen Zivis (eines Zivildienstleistenden), der nach der Papstwahl wittert: »Dieser Wagen ist ein Kultobjekt, den mach' ich zu Geld.« Gesagt, getan. Über eBay erwirbt ein amerikanisches Spielkasino das Kultobjekt. Allerdings, die Versteigerung erfolgt ohne den Segen des Heiligen Vaters. Dazu Bruder Georg: Als Benedikt XVI. von der Aktion erfuhr, habe er missbilligend den Kopf geschüttelt.

Urlaub mit Musik

Mit drei Koffern, die hauptsächlich Bücher enthalten, tritt Benedikt XVI. im Juli 2005 seine erste Urlaubsreise als Papst an. Dabei wählt er nicht nur den gleichen Ort wie sein Vorgänger (Les Combes im Aosta-Tal), er wohnt sogar im selben Chalet, auf 1400 Metern Höhe, mit Sicht auf den Montblanc. Von dort hatte der sportliche Karol Wojtyła, einst als »Athlet Gottes« gefeiert, ausgiebige Bergwanderungen unternommen – so lange es gesundheitlich ging. Joseph Ratzinger hingegen, absolut kein Sportsfreund, schreibt vormittags angeblich an seiner ersten Enzyklika und macht nachmittags nur kleine Spaziergänge. Aber die wichtigste Änderung gegenüber dem Ferienprogramm von Johannes Paul? Benedikt erholt sich auch beim Klavierspielen! Eigens für ihn hat man das Chalet mit einem Piano ausgestattet.

Glaubensparty am Rhein

Die erste »Auslandsreise« führt Benedikt XVI. – weil alles schon von seinem Vorgänger geplant war – kurioserweise nicht in die Fremde, sondern nach Deutschland, zum Weltjugendtag nach Köln. Am ersten Tag dort herrscht Kaiserwetter. Selbst kleine Pannen, verursacht durch den starken Wind, können die allgemeine frohe Stimmung nicht trüben. Eine wahre

»Glaubensparty« kommt in Schwung. Auf dem Rhein fährt der Pontifex winkend an unzähligen jungen Gläubigen vorüber, die Fahnen schwenken, fotografieren, applaudieren.

Von Bord hält Benedikt eine Rede in mehreren Sprachen. »Reißt euer Herz auf für Gott«, appelliert er an die Jugend aus aller Welt, »lasst euch von Christus überraschen.« Denn, so der Papst, wer Christus in sein Leben eintreten lässt, verliert nichts, »absolut nichts von dem, was das Leben frei, schön und groß macht«. Im Gegenteil: Nur Christus schenkt der Menschheit Leben in Fülle. Deshalb »lade ich euch ein, euch rückhaltlos dem Dienst Christi zu widmen«. Was auffällt, ist auch Benedikts Gruß an all jene unter den Zuhörern, die *nicht* getauft sind und der Kirche fernstehen. Gerade sie habe Papst Johannes Paul zum Kölner Treffen eingeladen. Denn das Miteinander auf dem Weltjugendtag biete gute Gelegenheit, die Kirche als einen Ort der Freude und der Barmherzigkeit zu erfahren.

Dann, wieder an Land, fährt das Katholikenoberhaupt im »Papamobil« durch die Kölner City, trägt sich in das Goldene Buch der Stadt ein und begibt sich zum altehrwürdigen Dom, dem Wahrzeichen Kölns. Der Menschenandrang stürzt die Stadt in ein Verkehrschaos. Doch die Bürger nehmen es geduldig hin und meinen: Der Besuch von Papst Benedikt sei schließlich »ein historisches Ereignis«.

Der Höhepunkt des Weltjugendtages? Der Abschlussgottesdienst auf dem Marienfeld, mit fast einer Million Teilnehmern. Da erklingt für die Gläubigen aus 197 Ländern eine stimmungsvolle »Weltmesse«, mit Musik und Rhythmen der verschiedenen Kontinente für jeden liturgischen Teil: Melodien aus Asien, Trommeln aus Afrika, Flötentöne aus den Anden. Ein Glaubensfest. Papst Benedikt verzichtet allerdings nicht darauf, auch Sorgen auszudrücken. Allzu oft, klagt er, wird Religion heutzutage fast ein Konsumprodukt; man sucht sich aus, was einem grade gefällt. Aber aufgepasst: »Diese ›selbst gemachte‹ Religion hilft uns letztlich nicht. Sie ist bequem, aber sie lässt uns in Krisen allein!« Der einzig wahre, dauerhafte Stern? Christus. Die Jugend ist aufgerufen, den christlichen Glauben vorzuleben! Stürmischer Beifall belohnt den Mahner-Papst.

Helm und Handy

Generalaudienz im Vatikan, mit zwei – wie es römische Medien formulieren – »sympathischen persönlichen Einlagen« des Papstes. Zunächst setzt er sich auf Wunsch einer Gruppe von Spritzenmännern kurz einen Feuerwehrhelm auf. Dann tut er einem

Behinderten aus dem süditalienischen Angri einen Gefallen und spricht über dessen Handy mit einer schwer kranken Nonne, Suor Maria Cristina, in Angri. »Ich werde für dich beten«, tröstet er die Ordensfrau, die später fassungslos zu Bekannten sagt: »Papst Ratzinger am Handy? Erst glaubte ich, es ist nur ein Traum, aber es war die Wirklichkeit.«

Papst »vermarktelt«?

Nach dem Vorbild des polnischen Städtchens Wadowice, wo das Geburtshaus von Johannes Paul II. zum Museum wurde, will man auch im Geburtsort von Benedikt XVI., Marktl am Inn, verfahren. Der Gemeinderat beschließt im August 2005 ein entsprechendes Nutzungskonzept (»Museum und christliche Begegnungsstätte«) für das zum Verkauf stehende Gebäude. Also öffentliche Trägerschaft? Noch ist nichts entschieden. Zwar will Bürgermeister Gschwendtner das verhindern, was man als die »Vermarktlung« des Papstes kritisiert. Aber er hat auch die Interessen seiner Bürger im Sinn und gibt sich flexibel: »Die Grenzen zwischen Pietät und Kommerz sind halt manchmal fließend.«

Leere des Herzens

Dezember 2005 im Vatikan. Bei der letzten Generalaudienz vor Weihnachten zeigt sich Benedikt in neuem Look: Um sich vor der Kälte zu schützen, trägt er einen »camauro« – jene mit Hermelin besetzte, rotsamtene Mütze, die die Päpste einst im Winter außerhalb der Liturgie aufsetzten. Gut behütet, fährt der Pontifex im offenen Jeep, nach allen Seiten grüßend, über den Petersplatz. »Er wird immer beliebter«, sagen Vatikan-Prälaten.

Dem entspricht das breite Interesse aller Christen an seiner ersten Weihnachtsbotschaft. Darin geht der »Theologen-Papst« scharfsinnig auf den Konflikt zwischen der gegenwärtigen Kultur und dem Christentum ein. Besorgt stellt er fest, dass den Menschen des technologischen Zeitalters eine »Leere des Herzens« droht. Der Grund? Ohne Christus reicht das Licht der Vernunft nicht aus, um den Menschen und die Welt zu erleuchten. Aus dieser Sicht erhält das Weihnachtsgeschehen besondere Bedeutung. Der moderne Mensch, der sich trotz technischem Fortschritt so oft schwach erweist, soll sich nach Benedikts Worten vom Kind aus Betlehem an der Hand nehmen und leiten lassen.

Deshalb Benedikts eindringlicher Appell: Von Christus ermutigt, kann man sich weit besser für den Aufbau einer »neuen Weltordnung« einsetzen, die auf sozialer und wirtschaftlicher Gerechtigkeit beruht. Freilich, diese »neue Weltordnung« ist erst möglich, wenn man die schlimmsten Gefahren unserer Zeit überwindet – Terrorismus, Wettrüsten, Armut, Aids. Zum Schluss wünscht der Pontifex in 33 Sprachen »Frohe Weihnachten« und erteilt den Segen urbi et orbi. Als Mahnung, aber auch als Signal der Hoffnung bleibt die Botschaft unzähligen Zeitgenossen tief in Erinnerung.

Ferrari-Lenkrad für Christenlenker

Audienz für eine Delegation des berühmten Sportwagenbauers Ferrari. Dabei überreicht Firmenchef Luca di Montezemolo außer einer hohen Geldspende dem Papst ein Steuer des Rennwagens von Michael Schumacher. Auf eine Bemerkung Montezemolos, das sei ein recht kompliziertes Lenkrad, entgegnet Benedikt: Es sei auch kompliziert, die Kirche zu lenken. Auf dem kuriosen Geschenk ist die Widmung eingeprägt: »Das Lenkrad des Formel-Eins-Weltmeisters für seine Heiligkeit Benedikt XVI., Lenker der Christenheit.«

Der Pontifex und sein Radio

Ein bedeutsamer Tag für Radio Vatikan: Zum 75. Geburtstag von »Radio Vaticana« besucht der Papst seinen Sender in Rom. Bei seinem Rundgang kommt er auch in jenes »Studio 3«, in dem einst Karol Wojtyła während seiner Kardinalszeit dem polnischen Programm zahlreiche Interviews gab. In einer Rede würdigt Benedikt die Arbeit der Rundfunkanstalt mit ihren 40 Sprachprogrammen und dankt den Jesuiten für die Leitung. Hier und dort erhält der Pontifex kleine Präsente. So schenkt ihm die deutsche Abteilung Bücher aus der »Edition Radio Vatikan«, die Italiener überreichen ihm die CD mit dem Hörspiel »Benedetto«, die Ostafrikaner erfreuen ihn mit einer handgestickten Stola aus Eritrea.

Stilistisch alle Register

Ein deutscher Papst, sollte man meinen, schreibt seine Texte stets auf Deutsch. Irrtum. Der polyglotte Benedikt XVI. verfasst viele Ansprachen, etwa für die Generalaudienzen, auf Italienisch. Also bekommt die Übersetzerin Sigrid Spath, die schon Texte aller Katholikenoberhäupter seit Paul VI. ins

Deutsche übertrug, auch durch den Ratzinger-Papst viel zu tun. Wie drückt er sich aus? Dazu Sigrid Spath: Stilistisch ziehe dieser Pontifex alle Register. Seine Sprache ist vielfältig, immer dem Thema angepasst. »Bei einer Predigt für Kinder beispielsweise sprach Benedikt wirklich kindgerecht und trotzdem auf hohem Niveau.« Und wie fühlt sich Sigrid Spath, wenn sie die amtliche deutsche Version von Benedikts Texten abliefert? »Da hab' ich manchmal ein bisschen Scheu, wenn ich mir denke: Papst Benedikts Muttersprache ist ja deutsch, aber seine italienisch gehaltene Predigt erscheint in meinem Deutsch. Eigenartig ...«

Auf den Spuren des polnischen Papstes

Während die Teilnahme des deutschen Papstes am Kölner Weltjugendtag 2005 gewissermaßen ein »Heimspiel« war, unternimmt Benedikt Ende Mai 2006 seine erste »richtige« Auslandsreise. Sie führt ihn nach Polen – er wandelt also ganz auf den Spuren seines Vorgängers Johannes Paul, an den er dankbar erinnert. Warschau, Tschenstochau, Krakau, Wadowice: Schon diese Reiseetappen markieren wichtige Abschnitte im Leben und Wirken Karol Wojtyłas.

Benedikt XVI. würdigt besonders den Beitrag dieses Papstes zur Überwindung des Kommunismus, zur Befreiung des Ostblocks vom sowjetischen Joch.

»Krakau, die Stadt Karol Wojtyłas, ist auch mein Krakau«, sagt er (auf Polnisch) unter dem Jubel von mehreren hunderttausend Jugendlichen auf den Krakauer Blonie-Wiesen.

Und mit dem Versprechen der baldigen Seligsprechung Johannes Pauls II. erobert er vollends die Herzen der Zuhörer. Die Verbindung zum Wojtyła-Papst wird auch symbolisch deutlich. Denn viele Polen haben kleine, mit ihren Namen versehene Steine mitgebracht, die man ins Fundament für das entstehende »Zentrum Johannes Paul II.« einmauern wird. Papst Benedikt segnet den Grundstein dieser Gedenkstätte.

Schließlich besucht der Pontifex auch das ehemalige Vernichtungslager Auschwitz – es ist wohl Benedikts schwerster Gang in seiner bisherigen Amtszeit. Ganz allein begibt er sich zum so genannten Todesblock, wo er im Gebet verharrt. Wenig später betont er, mit gramvollem Gesichtsausdruck: An diesem Ort des Grauens zu reden, sei – besonders für einen Papst aus Deutschland – fast unmöglich, denn hier würden die Worte versagen. Aber aus dem Schweigen »wird eine laute Bitte um Vergebung und Versöhnung«. Eine ergreifende Rede.

Sanfter und standhafter Hirte

Gemeinsam mit 60000 Gläubigen begeht Benedikt XVI. den ersten Jahrestag seiner Wahl. »Es kam ganz unerwartet für mich, dass die Kardinäle meine armselige Person zum Nachfolger des geliebten und beweinten Johannes Paul II. bestimmten«, ruft er bei der Generalaudienz den jubelnden Menschen zu. Zugleich erläutert er sein oberstes Ziel als Pontifex: Er wolle ein »sanfter und standhafter Hirte der Kirche« sein. An die deutschen Besucher gewandt, betont er: »Wie schnell die Zeit vergeht ... In meinem Amt ist mir eure Nähe und euer tägliches Gebet eine unerlässliche Stütze. Dafür danke ich euch von ganzem Herzen.«

Süßes Geschenk

Anschließend an die übliche Generalaudienz fährt Benedikt XVI. im offenen Papamobil grüßend und segnend durch die Korridore auf dem dichtgefüllten Petersplatz. Da der Audienztag mit dem Jahrestag der Papstwahl zusammenfällt, erhält der »Mann in Weiß« etliche Gaben. Das kurioseste Geschenk spielt auf Ratzingers Hobby Klavierspielen an: Eine große Sachertorte in Form eines Pianos.

Pilger-Boom

Kaum zu glauben: Benedikt XVI. hat in seinem ersten Amtsjahr in Rom zu fast vier Millionen Menschen gesprochen. Teils bei Generalaudienzen, teils bei Sonderempfängen, teils bei den sonntäglichen Angelus-Gebeten, teils bei Papstmessen. Diese Zahlen übertreffen den Pilgerandrang im ersten Jahr des Wojtyła-Pontifikats bei weitem. Gewiss, da wirkt sich auch der generelle Tourismusboom in Rom aus. Doch zweifellos spielt der »Benedikt-Faktor« mit: Neugierde auf und Sympathie für den Theologen-Papst.

»Prüfung« im Fernsehen

Große Ereignisse werfen ihre Schatten voraus. Das gilt auch für die Pastoralvisite Benedikts XVI. in seiner bayerischen Heimat. Die deutschen Medien tun alles, was nur möglich ist, um den Papst vor dessen Reise zu interviewen. Der Strippenzieher? Wieder einmal Pater Eberhard v. Gemmingen SJ, der Leiter des deutschen Programms von Radio Vatikan. Er fragt an, dann erfährt er: Ja, zusammen mit ARD, ZDF und Deutscher Welle. Ein Fragenkatalog, dann das Plazet des Heiligen Vaters.

Anfang August ist es so weit. Pater v. Gemmingen trifft in Castel Gandolfo die anderen beteiligten Journalisten. Die vier Medienmacher besprechen sich, gehen auf einen Cappuccino, werden »geschminkt« (wie's beim Fernsehen sein muss) und werden in den so genannten Schweizersaal des Papstpalastes geführt. »Dann kommt der Heilige Vater herein, setzt sich uns gegenüber.« Da sich Benedikt vier dunkel gekleideten Herren gegenübersieht, meint er scherzhaft, das sei ja wie eine Prüfung oder ein Verhör.

Dann, so Pater von Gemmingen, besteht der Einserschüler Ratzinger aus Bayern die »Prüfung« mit Bravour. Der Papst verdeutlicht, dass er die Kirche aus der Defensive, aus der Resignation herausführen will. Schließlich habe die Kirche ja eine positive Botschaft, die sie offensiv, mit Freude und Zuversicht, vermitteln soll. Die Kirche, so der Pontifex, gehört keineswegs in die »Mottenkiste der Geschichte«, sondern sie ist zukunftsfähig. Warum er, der Papst, nun nach Bayern fährt? Vor allem deshalb, weil er noch einmal jene Orte und Menschen sehen will, die ihn geprägt haben – diesen Menschen will er danken.

Dass Benedikt Humor hat, beweist er in seiner Antwort auf eine der letzten Fragen. Er sei zwar, so der Heilige Vater, nicht ein Mensch, dem dauernd Witze einfallen. »Aber sozusagen das Lustige im Leben, die fröhliche Seite zu sehen, ist mir schon sehr wichtig und für mein Amt auch notwendig.« Ähnlich wie die Engel, die fliegen können, weil sie sich leicht nehmen, »könnten auch wir ein bisschen mehr fliegen«. Ganz in diesem Sinne, sagt später einer der vier beteiligten Journalisten, sei Benedikt am Ende des Gesprächs »richtig locker« geworden. »Der Papst kann lachen.« Schließlich schüttelt man sich die Hand. »Herzlichen Dank ...« Über sechs Millionen deutsche Zuschauer (was eine erstaunlich hohe Einschaltquote bedeutet) sehen auf dem Bildschirm das Interview, das die Neugier auf den deutschen Pontifex weiter erhöht.

Mit bewegtem Herzen

Am 9. September 2006 landete das Flugzeug mit Papst Benedikt in München, auf deutschem bayerischem Boden. Er strahlt und winkt, während er die Gangway hinabsteigt. Kinder in Tracht heißen den hohen Gast mit Blumensträußen (in den Landesfarben Weiß-Blau) willkommen. Bundespräsident Köhler begrüßt ihn. Anschließend spricht Benedikt: »Bewegten Herzens betrete ich heute zum ersten Mal nach meiner Erhebung auf den Stuhl Petri bayerischen deutschen Boden.« Er wolle in seiner Heimat einige Orte besuchen, die in seinem Leben eine grundlegende Bedeutung hatten. Und sogleich setzt der Papst auch jenen positiven, zukunftsorientierten Akzent, der die ganze Pastoralvisite charakterisiert: Er wünscht, dass all seine Landsleute die Werte des christlichen Glaubens an die Bürger von morgen weitergeben – eines Glaubens, »der uns alle trägt und der nicht abgrenzt, sondern öffnet«.

Es folgt die Fahrt im Papamobil durch die Innenstadt. Ankunft auf dem Marienplatz; Grußwort unter der Mariensäule, der Patrona Bavariae, wo die Münchner einst Joseph Ratzinger als ihren neuen Erzbischof begrüßten und ihn knapp fünf Jahre später nach Rom verabschiedeten. Dabei bringt der Papst mit Sinn für Humor die vielen ihm applaudierenden Menschen zum Schmunzeln, als er sagt, der Freisinger Korbiniansbär aus seinem Wappen sei anno dazumal zwar in Rom freigelassen worden – er selber aber nicht.

Ihren Höhepunkt erreicht die Stimmung nach dem Gebet an der Mariensäule – beim Anstimmen der Bayernhymne. Der Papst singt ohne Zögern mit, während sein (nichtbayerischer) Sekretär Gänswein den Text ablesen muss. Sogar Bundeskanzlerin Angela Merkel, obgleich »Preußin«, stimmt in das Bayernlied ein. Abends dann Gespräche des Pontifex in der (einst königlichen) Residenz mit der Polit-Prominenz. Wobei eine kleine Episode das Protokoll ins Wanken bringt. Denn beim Gang durch die schönen Räume bleibt Benedikt plötzlich stehen und lässt sich von einem Zitherspieler dessen Instrument erklären. Schließlich hatte ja auch der Vater des Papstes Zither gespielt. Und die Zither des Vaters gehört zu den Erinnerungsstücken der Familie Ratzinger.

Hochspannung vor dem Start

Rom, Ankara, Istanbul: Selten vor einer Auslandsreise des Katholikenoberhaupts gibt es so viele Polemiken und Missverständnisse wie anlässlich von Benedikts Türkei-Besuch im Herbst 2006. Polemiken, weil viele türkische Moslems wegen der falsch interpretierten Regensburger Rede dem Pontifex voller Misstrauen (oder gar Hass) entgegenblicken. Und Missverständnisse, weil der Eindruck entsteht, Benedikts Reise gelte nur dem Verhältnis zum Islam, während für den Vatikan eigentlich der Dialog mit den Orthodoxen sowie Rückenstärkung für die winzige katholische Minderheit im Mittelpunkt stehen.
Angesichts der heftigen islamischen Reaktionen auf »Regensburg« tut der Papst sogleich alles, um die

Wogen zu glätten. So ruft er Ende September eindringlich zur Verständigung mit dem Islam auf. Überraschend nämlich empfängt er in Castel Gandolfo 22 Botschafter aus mehrheitlich muslimischen Ländern. Dabei bekräftigt er: In einer vom Relativismus bestimmten Welt »brauchen wir zwangsläufig einen echten Dialog zwischen den Religionen und Kulturen, der uns helfen kann, gemeinsam alle Spannungen zu überwinden«. Erneut betont Benedikt XVI. seinen großen Respekt vor den muslimischen Gläubigen. Ein weiteres Signal in diesem Sinne: Der Vatikan nimmt in seine Website auch die arabische Sprache auf. Gleichwohl bleiben Spannungen. Attentatsdrohungen und Vorwürfe gegen den angeblichen »Kreuzzügler« aus Rom steigern die Nervosität.

28. November. Sicherheitsstufe eins vor der Ankunft des umstrittenen, hohen Gastes in Ankara. Über 3000 Polizisten sichern die Straßen, Scharfschützen beziehen auf den Dächern Position. Unterdes, im Flugzeug, betont der Pontifex vor Journalisten, dass sein Besuch »den Dialog und die gemeinsamen Friedensbemühungen zum Ziel hat«. Das wird denn auch der Tenor der gesamten, weltweit beachteten Reise.

Mit Genugtuung registrieren die Türken, dass Benedikt bei der Ankunft in Ankara das Kreuz am Hals nicht offen trägt. »Kreuzfahrermentalität«? Nichts da. Beim Treffen mit dem Chef der türkischen Religionsbehörde, Ali Bardakoglu, unterstreicht der Papst seine Wertschätzung für den Islam sowie die Gemeinsamkeiten von Christentum und Islam: Beide glauben »an den einen Gott«, an die Menschenwürde. Gerade in Zeiten, wo täglich Blut fließt, braucht es Religionsfrieden. »Benedikt XVI. auf Versöhnungskurs«, kommentiert deshalb die internationale Presse. Und die zunächst so misstrauischen türkischen Medien konstatieren zu ihrer eigenen Überraschung: »Der Papstbesuch hat sehr gut begonnen.«

Bruderkuss mit Bartholomaios

Fest des heiligen Andreas, am 30. November, das die West- und besonders die Ostkirche feiert. Dies wird der Höhepunkt der Türkeireise: Benedikt XVI. nimmt an der »Göttlichen Liturgie« in der Patriarchatskathedrale Sankt Georg teil, die Bartholomaios I. – das Ehrenoberhaupt der Orthodoxen – zelebriert. Beide Kirchenführer begrüßen sich freundlich, tauschen den Bruderkuss – eine Geste von hoher symbolischer Bedeutung.

Abb. 9: Eine deutsche Nonne liest am Tag nach der Papstwahl Zeitung vor dem Kölner Dom.

Abb. 10: Benedikt XVI. während einer Generalaudienz mit einem kleinen Kind auf dem Petersplatz.

Abb. 11: Monsignore Gänswein wechselt den Pileolus des Papstes.

Abb. 12: Benedikt XVI. während einer Generalaudienz in Rom mit einem Camauro, einer roten Mütze mit weißem Pelzbesatz.

Die Trennung zwischen den Christen, beklagt der Papst, »ist ein Skandal«, sie behindert die Verbreitung des Evangeliums und muss ein Ende haben. Gerade im heutigen Europa, wo die Säkularisierung den Einfluss der christlichen Traditionen geschwächt hat, sei eine Erneuerung des Glaubens dringend notwendig. Und im Blick darauf, dass die orthodoxe Kirche den Bischof von Rom bloß als »primus inter pares« anerkennt, erneuert der Pontifex das Angebot seines Vorgängers, den päpstlichen Dienst als »Dienst der Liebe« neu zu interpretieren. Darauf folgt die gemeinsame Erklärung von Benedikt und Bartholomaios: Ein Verweis auf das verbindende Erbe von Katholiken und Orthodoxen, ein beschwörender Aufruf an die seit dem Jahr 1054 getrennten Kirchen zur Wiederherstellung der Einheit, eine Verpflichtung zur Ökumene. Außerdem fordern Papst und Patriarch – »bei aller Offenheit für andere Religionen« – eine Stärkung der christlichen Werte in der EU sowie den Schutz religiöser Minderheiten. Gemeinsam, so der Appell, sollen die Christen gegen den Terrorismus vorgehen und Gottes Schöpfung verteidigen!

Letzter Tag des Türkei-Besuches ist der 1. Dezember. Benedikt XVI. enthüllt eine Statue von Johannes XXIII., der einst, von 1935 bis 1944, natürlich noch unter dem Namen Angelo Giuseppe Roncalli, den Vatikan als Nuntius in der Türkei vertrat. Und wiederum ein Zeichen des Friedens: Lächelnd lässt der Pontifex vier weiße Tauben in den Himmel von Istanbul fliegen. Dann die Abschlussmesse in der Heilig-Geist-Kathedrale, wo die Christen der Metropole den Papst mit Singen, Beifall und Hoch-Rufen begeistert begrüßen. Benedikt führt den Ehrengast, den orthodoxen Patriarchen Bartholomaios, zu seinem Ehrenplatz. In der Predigt bekräftigt er den Wunsch nach kirchlicher Einheit, aber er wiederholt auch die Forderung nach Religionsfreiheit.

Unterdes wird der Stimmungsumschwung in der Öffentlichkeit zugunsten des Papstes immer deutlicher. Nach der Kritik vor Benedikts Ankunft nun Lob und Sympathie. Zu einer von türkischen Nationalisten angekündigten Kundgebung gegen das Katholikenoberhaupt erscheinen weit mehr Journalisten und Polizisten als Demonstranten. Geradezu überschwänglich berichtet die türkische Presse über Benedikts Besuch in der Blauen Moschee, mit Schlagzeilen wie »Historisches Gebet« und »Frieden

von Istanbul«. Dieser Papst, so eine Zeitung, »erobert Herzen und Köpfe«. Sogar islamistisch orientierte Blätter, die zuvor kein gutes Haar an Benedikt gelassen hatten, drücken sich anerkennend aus.
Der Stimmungswandel überrascht auch die deutschen Medien. So schreibt die »Welt«: »Plötzlich haben die Türken den Papst richtig lieb.« Und ganz allgemein wertet man im Heimatland Benedikts XVI. dessen Reise als Erfolg. Der Papst selbst schmeichelt den Türken vor der Abreise mit den Worten, er habe »einen Teil seines Herzens« in Istanbul verloren. Zurück in Rom spricht er die Hoffnung aus, dass aus seinen Begegnungen in der Türkei gute Früchte wachsen »für die Zusammenarbeit aller Jünger Christi und für den Dialog mit den muslimischen Gläubigen«.

Erstmals ein Papstkalender

Das gab's noch nie: Benedikt XVI. begleitet die Gläubigen im neuen Jahr auch in Form eines Kalenders. Tatsächlich erscheint dieser »calendario« bereits Ende 2006 als Beilage der katholischen Zeitschrift »Famiglia Cristiana« mit einem Aufpreis von fünf Euro. Denn der Heilige Vater hatte einem Foto-

grafen des italienischen Blattes im vergangenen Sommer erlaubt, mit ihm zusammen einen Tag in Castel Gandolfo zu verbringen – und er hatte sich dabei ständig ablichten lassen.
Folglich sieht man Benedikt beispielsweise beim Spaziergang im Garten der Ferienresidenz, beim Gebet in seiner Privatkapelle oder in der Bibliothek beim Durchblättern eines Buches. Andere Fotos zeigen den Ratzinger-Papst, wie er beim Spaziergang eine deutsche Ausgabe der Paulus-Briefe liest – oder wie er an einem Brunnen mit Wasser spielt oder wie er das eindrucksvolle Panorama der Albaner Berge bewundert.
Der Kalender dient einem guten Zweck: Ein Euro des erwähnten Verkaufspreises kommt dem Hilfsprojekt »Kinderstadt Nazareth« in Ruanda zugute. Der Pontifex, heißt es, hat just dieses Projekt für eine Finanzspritze ausgewählt. Die »Kinderstadt Nazareth«, die in 24 Gebäuden rund 300 Bambini aus dem durch langen Bürgerkrieg verwüsteten schwarzafrikanischen Land beherbergt, wird vom Päpstlichen Rat für die Familie gefördert. Italiens Medien staunen angesichts der ungewöhnlichen Beilage von »Famiglia Cristiana«: Es ist »das erste Mal, dass ein Papst für einen Kalender posiert«.

Tauf-Fest in der Sixtina

Der 7. Januar ist der Tag, an dem die Kirche an die Taufe Jesu im Jordan erinnert. Wie schon Johannes Paul II. und wie er selber im Vorjahr nimmt Benedikt analog einem einfachen Pfarrer abermals eine Kindertaufe vor – in der großartigen, durch Michelangelos Fresken berühmten Sixtinischen Kapelle. Die 13 Bambini, umringt von glücklichen Paten, Eltern und Geschwistern, geben dem Gottesdienst eine fröhlich-optimistische Note. Jedes neugeborene Kind, so der Papst, »schenkt uns das Lächeln Gottes« und fordert uns zu der Erkenntnis auf, »dass das Leben ein Geschenk ist, das man mit Liebe annehmen und mit Sorgfalt behüten muss«.

Wie ein guter Lehrer erläutert Benedikt XVI. die Elemente des Taufsakraments und die bei der Zeremonie präsenten Symbole: das Wasser, die Kerze, das weiße Kleid, die Absage an die Sünde. Und er mahnt, auch unter Anspielung auf den italienischen Streit um traditionelle Familien und bloße Lebensgemeinschaften: »Gott vertraut jedes neugeborene Kind seinen Eltern an. Wie wichtig ist also die Familie, die auf der Ehe gründet, Wiege des Lebens und der Liebe!« Das Haus in Nazaret, wo die Heilige Familie lebte, ist nach den Worten des Pontifex für alle christlichen Familien Modell und Schule der

Einfachheit, der Geduld, der Harmonie. Ein Appell an die Eltern: Ihr Zeugnis und ihr Beispiel hat größten Einfluss »auf das menschliche und spirituelle Wachstum der Kinder«.
Schließlich spricht Benedikt die Taufformel und nimmt die Bambini symbolisch in die Gemeinschaft der Weltkirche auf. Die 13 Täuflinge übrigens sind zwar zumeist Italiener – aber einer ist sozusagen ein prominenter Mini-Schweizer: Damian Elmar Mäder, ein Sprössling von Theodor Elmar Mäder, dem Kommandanten der Päpstlichen Schweizergarde. Das Baby trägt denn auch, wie Italien-Medien erstaunt anmerken, »ein echt schweizerisches Taufkleid«.

Johannes XXIII. – Die wichtigsten Lebensdaten

1881	Angelo Giuseppe Roncalli wird am 25. November in Sotto il Monte, Ortsteil Brusicco, geboren.
1904	Priesterweihe in Rom (Santa Maria in Monte Santo), kurz danach wird er zum Sekretär des Bischofs Radini-Tedeschi in Bergamo berufen
Ab 1906	Dozent am Diözesanseminar in Bergamo
1924	Professor für Patristik (Lehre der Kirchenväter) in Rom
1925	Ernennung zum Apostolischen Visitator in Bulgarien und Titularbischof von Areopolis
1934	Ernennung zum Apostolischen Vikar in der Apostolischen Delegation für die Türkei und Griechenland
Ab 1945	Nuntius in Frankreich
1953	Berufung zum Patriarchen der Diözese Venedig
1958	Am 28. Oktober Wahl zum Papst; er nennt sich Johannes XXIII.

1962	Im Mai: Sozialenzyklika „Mater et Magistra"/Mutter und Lehrerin
1962	Eröffnung des II. Vatikanischen Konzils
1963	Im April: Enzyklika „Pacem in terris"/ Frieden auf Erden
1963	Im Juli erliegt Papst Johannes XXIII. einem Krebsleiden

Johannes Paul II. – Stationen seines Lebens

1920	Geburt Karol Wojtyłas in Wadowice
1938	Abitur am Gymnasium; Beginn des Polonistik-Studiums in Krakau
1946	Priesterweihe, anschließend weitere Studien und Doktorarbeit in Rom
1948	Kaplan in einer polnischen Landpfarrei
1953	Habilitation an der Universität Krakau; danach Dozentur für Ethik
1958	Ernennung zum Weihbischof in Krakau
1962-65	Teilnahme am Zweiten Vatikanischen Konzil
1964	Wojtyła wird Erzbischof von Krakau
1967	Ernennung zum Kardinal
1978	Wojtyłas Wahl zum Papst; er nennt sich Johannes Paul II.

1979	Erste Enzyklika „Redemptor hominis“/ Erlöser der Menschen
1980	Sozialenzyklika „Laborem exercens“
1981	Lebensgefährliche Verletzung durch das Attentat auf dem Petersplatz
1991	Sozialenzyklika „Centesimus annus“
1993	Enzyklika „Veritatis splendor“/Glanz der Wahrheit
1995	Enzyklika „Evangelium vitae“/Über den Wert und die Unantastbarkeit des menschlichen Lebens; Enzyklika „Ut unum sint“/Über den Einsatz für die Ökumene
1998	Enzyklika „Fides et ratio“/Glaube und Vernunft
2003	Ecclesia de eucharistia/Über die Eucharistie in ihrem Verhältnis zur Kirche
2005	Am 2. April erliegt Johannes Paul II. einer langen Krankheit.

Benedikt XVI. - Kurzbiografie

1927	Joseph Aloysius Ratzinger wird am 16. April in Marktl am Inn (Oberbayern) geboren

1951	Priesterweihe, zusammen mit seinem Bruder Georg, im Freisinger Dom
1953	Promotion zum Dr. theol. an der Universität München
1957	Habilitation im Fach Fundamentaltheologie in München
1959	Professor für Dogmatik an der Universität Bonn
1962-65	Berater und Redenschreiber des Kölner Kardinal-Erzbischofs Frings beim II. Vatikanischen Konzil
1963–1977	Professor in Münster, Tübingen und Regensburg
1977	Ernennung zum Erzbischof von München und Freising; Erhebung zum Kardinal
1981	Ernennung zum Präfekten der vatikanischen Kongregation für die Glaubenslehre
2005	Am 19.April Wahl zum Papst; er nennt sich Benedikt XVI.
2005	Enzyklika „Deus caritas est“/Gott ist die Liebe
2007	Enzyklika „Spe salvi“/Auf Hoffnung hin sind wir gerettet

Textnachweis:

S. 9-18, S.18-29, S. 30/31, S. 32/33 aus: *Robert Rothmann*, Ich bin Josef, euer Bruder: Papst Johannes XXIII. – Anekdoten und Erinnerungen, © St. Benno-Verlag Leipzig 2001;

S. 18 (Rangfolge), S. 29/30 (Verkehrte Richtung), S. 32 (Vom heiligen Geist beschützt), S. 47(„Zeit zum Essen“), S. 55/56 (Alles was recht ist, Moment mal), S. 57/58 (Erlebnispädagogik), S. 60 (Verdreher) aus: *Robert Rothmann*, Anekdoten aus dem Vatikan, © St. Benno-Verlag Leipzig 2002;

S. 37-46, S. 47-54, S. 56/57, S. 58-60, S. 61-73 aus: *Bernhard Hülsebusch*, Ein Fels mit Charme. Johannes Paul II. - Anekdoten und Erinnerungen, © St. Benno-Verlag Leipzig 2002;

S. 77/78, S. 82/83, S. 90-92, S. 94-95, S. 97-99, S. 101-102 aus: *Bernhard Hülsebusch*, Professor Papst. Benedikt XVI. – Neue Episoden und Erinnerungen, © St. Benno-Verlag Leipzig;

S. 78-82, S. 83-90, S. 92-93, S. 96-97, S. 99/100, S. 102-113 aus: *Bernhard Hülsebusch*, „Herr, tu mir das nicht an“. Benedikt XVI. – Episoden und Erinnerungen, © St. Benno Verlag Leipzig

Bildnachweis:

Abb. 1, 6, 7, 9, 11: © picture-alliance/dpa, Frankfurt a. Main
Abb. 2, 10, 12: © L'Osservatore Romano, Città del Vaticano
Abb. 3: © Bettmann/Corbis, Düsseldorf
Abb. 4: Verlagsarchiv
Abb. 5, 8: © KNA-Bild, Bonn